日本人として心が豊かになる仏事とおつとめ

浄土宗

浄土宗大本山善光寺大本願布教師会副会長
服部淳一◎監修

JN288606

青志社

はじめに

念仏は、いま生きている私たちに安心と勇気を与えてくれる

「親父ももう年だし、そろそろ葬儀のことも考えておかなければいけないな。うちの宗派は、たしか浄土宗だった」

「私もこれまでの人生より、これからの人生のほうが短くなった。そんなことを思いながら行く末を考えていると、仏壇に手を合わせていた亡き父のことが頭をよぎった」

仏教を〝感じる〟のは、こんなときではないでしょうか。いずれにしても、仏教と死を結びつけて考えるのが一般的なのかもしれません。それもそのはず、ほとんどの方がお葬式や法事、それにお盆とお彼岸ぐらいしか仏教と接する機会がないのが現実です。

子供のころは毎朝、祖父母や両親に「お仏壇の前で、ナムアミダブ、ナムアミダブ……と、となえなさい」といわれた方も多いことでしょう。いわれるままに仏壇に向かって手を合わせると、なぜかホッとして清々《すがすが》しい気持ちになったのではないでしょうか。

それが、高度経済成長時代を迎えて人口の流動が激しくなり、また核家族化が進むにつれて、

そんな心を豊かにしてくれる習慣が薄らいできました。

そもそも仏教とは「死者」のためにあるのではありません。幸せに生きるためにお釈迦さまが説いた「生きている者」への教えなのです。

お釈迦さまは「人生は苦である」といっています。苦とは単に〝つらい〟〝苦しい〟ということではありません。思いどおりにならない現実と、思いどおりにしたいという自分の欲求に板挟みになる苦しみです。そこでお釈迦さまは「現実を冷静に見つめることで、自分の思いどおりにしたいという執着がなくなれば、やすらかな気持ちになれる」という真理に至ったのです。これがお釈迦さまの悟りです。

インドから中国、そして日本へ、お釈迦さまの教えをどうやって人々に伝えたらよいのか、高僧たちは考えました。だから、たくさんの宗派ができました。浄土宗は、浄土教の教えをもとに法然上人が開いた宗派です。上人は、いつでもどこでも誰でもとなえることができる念仏こそが万民が救われるお釈迦さまの究極の教えであると考えたのです。仏事作法はもちろん、その教えにもふれて、人生の指針として活かしていただければ幸いです。

目次

日本人として心が豊かになる仏事とおつとめ　浄土宗

第8章 心が豊かになる法然上人の名言

第1章

10分でわかる浄土宗

誰もが救われる道を説いた法然上人

法然上人《ほうねんしょうにん》は、「〝南無阿弥陀仏《なむあみだぶつ》〟と念仏をとなえるだけで、誰もが等しく極楽浄土に往生できる」という万民救済の教えをもって浄土宗を開きました。

それまでの仏教の教えは、厳しい修行や深い知識が必要で、民衆には手の届かないものでした。法然上人自身も、修行した比叡山《ひえいざん》で〝知恵第一〟と呼ばれるほど学識があったにもかかわらず、悟りが開けず苦悩しつづけました。

それでも法然上人は探求をつづけ、中国浄土教を完成させた善導大師《ぜんどうだいし》の著書『観経疏《かんぎょうしょ》』の一節から、冒頭にある万民救済の教えを見つけ出したのです（29頁参照）。「念仏をとなえるだけで救われる」という法然上人の教えはわかりやすく、誰でもできることから民衆の心をとらえました。

阿弥陀仏とはどんな仏さま?

浄土宗の本尊は阿弥陀仏《あみだぶつ》です。

本尊とは、信仰のよりどころとなる仏さまのことです。本尊である阿弥陀仏を知ることで、念仏の心がわかります。

阿弥陀とは、古代インドのサンスクリット語（梵語《ぼんご》）の「アミターユス」（限りない命）、「アミターバ」（はかりしれない光明《こうみょう》）という言葉を漢語に音写したものです。したがって、阿弥陀仏とは「限りない命と光明をそなえた仏さま」ということになります。

また、阿弥陀仏は「阿弥陀如来《あみだにょらい》」ともいいますが、如来とは「真如《しんにょ》（真理）の世界から、迷えるすべての人々を救うために来てくださる方」という意味です。

それでは〝南無阿弥陀仏〟という念仏の意味はどのようになるでしょう。

「南無」は「どうか、よろしくお願い申し上げます」という意味です。阿弥陀仏に対して〈信じ、任せきる心〉をあらわしています。

つまり〝南無阿弥陀仏〟とは、「限りない命と光明をそなえた阿弥陀さま、どうか私を極楽浄土にお導きください」というお願いの言葉になります。

なぜ阿弥陀仏に極楽往生《ごくらくおうじょう》をお願いするのか、それには理由があります。

阿弥陀仏の本願はすべての人々の救済

浄土宗でよりどころとするお経は、『無量《むりょう》寿経《じゅきょう》』『観無量寿経《かんむりょうじゅきょう》』『阿弥陀経《あみだきょう》』の浄土三部

経です。そのなかの『無量寿経』に阿弥陀仏誕生の物語が記されています。

阿弥陀仏ははるか昔、インドのある国の国王でしたが、その地位を捨てて出家《しゅっけ》しました。そのときの名前を法蔵《ほうぞう》菩薩《ぼさつ》といいます。

菩薩とは、悟りを求めて修行する者のことです。そして、悟りを開いてはじめて仏（如来）となれるのです。

法蔵菩薩は、この世のすべての人々を苦悩から救うことを志し、四八の誓い（四十八願《しじゅうはちがん》）をたてました。果てしなく長いあいだ修行をつづけ、すべての誓いを成就して阿弥陀仏となったのです。そして、自分の理想の世界である「極楽浄土」をつくりあげました。

法蔵菩薩の四十八願のなかの第十八願は、

「あらゆる人々が、私の世界に生まれたい（極楽浄土に往生したい）と願って〝南無阿弥陀仏〟と私の名をとなえてもそれがかなわないとしたら、私は仏にならない」

という誓いです。

これを「阿弥陀仏の本願」といいます。

つまり、法蔵菩薩がこの本願を成就して阿弥陀仏になったのですから、〝南無阿弥陀仏〟と念仏をとなえれば、すべての人々が極楽浄土に往生できるわけです。

浄土三部経の他の二つのお経には、以下の内容が書かれています。

『観無量寿経』には、精神統一して極楽浄土を思い浮かべることができる人とできない人に分けて、極楽浄土に往生する一三の観法《かんぼう》（定善義《じょうぜんぎ》）と、他の三つの方法（散善義《さんぜんぎ》）が説かれています。そのなかでお釈迦さまは、最下層の凡夫《ぼんぷ》に対し、念仏をとなえることがどれほど大切かを語っています。

『阿弥陀経』には、絢爛《けんらん》豪華で何ひとつ苦しみがなく、楽しみだけを享受できる阿弥陀仏の極楽浄土の世界が語られています。

専修念仏という シンプルな教え

浄土宗の教えは「専修念仏《せんじゅねんぶつ》」といわれ、と

てもシンプルです。仏教の修行にはさまざまなものがありますが、法然上人は他のいっさいの修行を捨て、〝南無阿弥陀仏〟と念仏をとなえることだけを選び取りました。

浄土宗の教えのもととなっているのは、インド、中国を経て飛鳥《あすか》時代に日本に伝わった浄土教です。

浄土教は念仏を重視する教えです。

念仏とは読んで字のごとく「仏さまを念じる」ことですが、その方法には「観想念仏《かんそうねんぶつ》」と「称名念仏《しょうみょうねんぶつ》」の二通りがあります。観想念仏は、精神を統一して仏さまや極楽浄土を思い浮かべる念仏です。称名念仏は、声に出してとなえる念仏です。（19頁参照）

法然上人は、浄土教の教えをさらに一歩踏み込んで、称名念仏こそ誰もがかならず極楽往生できる唯一の方法だと説いたのです。

念仏は回数ではなく信心の心が大切

では、〝南無阿弥陀仏〟と何回となえれば極楽往生できるのか――そんな疑問をいだく人もいるでしょう。

法然上人は、遠くにいる弟子にこのように念仏をすすめる手紙をしたためています。《一念《いちねん》なお生《う》まる、いわんや多念《たねん》をや》――一回の念仏でも往生はかなうのです。ましてや生涯を通じてとなえることの素晴らしさはいうまでもありません。（『一紙《いっし》小《こ》消息《しょうそく》』）

その真意は、

「一回しかとなえられないならそれでもよいでしょう、できるなら数多くとなえればよいでしょう」

念仏は回数ではなく、往生を信じることが大切

ということです。

また、この手紙のなかで、

「私たちが極楽往生したいと心を定めて念仏をとなえれば、臨終の際にはかならず阿弥陀さまが迎えに来てくださいます」

と、極楽往生できることを信じることがもっとも大切だと述べています。

阿弥陀仏は悪人も救ってくれる

また、法然上人は『一紙小消息』のなかで、悪人の救済についても述べています。

《罪人なお生まる、いわんや善人をや》——

重い罪を犯してしまった悪人でも阿弥陀仏に救いを求めれば往生はかなうのです。つねに念仏をとなえ、罪を犯さないように心がけている善人が往生できないはずがありません。

まさに誰もが往生できるというわけですが、法然上人のいう善人とは「阿弥陀仏の救いを信じるからこそ、わが身を振り返り、過ちを反省して念仏をとなえている人」のことです。

浄土宗と浄土真宗はどうちがうのか

法然上人は、私たち凡夫は〝自力《じりき》〟で悟りを得ることはできないから、阿弥陀仏の本願を信じて念仏をとなえる〝他力《たりき》〟の教えを説き、浄土宗を開きました。

比叡山《ひえいざん》で二〇年間修行しても悟りを開けなかった親鸞《しんらん》は、法然上人の教えに感銘を受けて弟子となりました。しかし、師のもとで学べたのは、法然上人の四国流罪《るざい》にともない、越後《えちご》に流されるまでのわずか六年ほどでした。その後、親鸞は浄土真宗を開いたのです。

親鸞は法然上人の〝他力〟の教えを引き継ぎ、さらに独自の考え方である〝絶対他力〟の教えを展開しました。

絶対他力とは、たとえ念仏をとなえなくても、阿弥陀仏の本願を信じる（信心《しんじん》）だけで極楽往生は決定する、というものです。

インドで誕生した浄土教

　お釈迦さまの滅後しばらくは、その教えは口伝によって伝えられていましたが、やがて文字として残されるようになります。これが経典のはじまりです。

　浄土宗の源流である浄土教の教えもインドにはじまります。浄土三部経のひとつである『無量寿経』は、お釈迦さまの滅後三〇〇年ほど経った紀元前二世紀ごろに成立したといわれており、かなり古いほうの経典です。

　前述のとおり『無量寿経』のなかでお釈迦

浄土とは

　浄土とは、仏さま（仏陀《ぶっだ》＝悟りを得た人）の住む清らかでけがれのない世界のことで「仏国土《ぶっこくど》」ともいいます。仏さまはたくさんいますから、それぞれの仏さまが自分の浄土を持っていると考えられています。

　浄土といえば極楽浄土がよく知られていますが、極楽浄土は阿弥陀仏の住む世界のことです。極楽浄土の様子は『阿弥陀経』に描かれています。そこは絢爛《けんらん》豪華で何ひとつ苦悩のない世界です。ただし、極楽浄土に往生できれば贅沢三昧《ぜいたくざんまい》の生活が待っているということではありません。私たちはそんな理想郷で安心して仏道修行に励むことができるということなのです。

さまは、阿弥陀仏をたたえ、阿弥陀仏の救いを信じて生きることを人々にすすめました。お釈迦さまのさまざまな教えのなかから、阿弥陀仏の救いを強調したのが浄土教というわけです。

　浄土教をはじめて説いたのは、インド僧の龍樹《りゅうじゅ》です。龍樹は、仏教の修行を限られた人にしかできない難しい修行「難行道《なんぎょうどう》」と、誰もが易しくできる修行「易行道《いぎょうどう》」に分類しました。そして『無量寿経』に説かれている念仏の教えは、まさに「易行道」であると論じたのです。この考え方が「聖道門《しょうどうもん》」と「浄土《じょうど》門《もん》」となり、やがて〝自力〟と〝他力〟の分類につながっていきます。

中国で花開いた称名念仏

仏教は紀元前後からシルクロードを経て中国に伝わり、龍樹が説いた浄土教の教えも当初から伝わっていました。

　易行道の浄土教といっても当時は観想念仏が中心で、高度な知識をもって念仏修行をしなければならないので、それほどひろまりませんでした。

　中国で称名念仏を説いたのは曇鸞《どんらん》という僧で、六世紀になってからです。曇鸞大師は中国浄土教の基礎をつくりました。

七世紀になり、善導大師が『観無量寿経』の解説書である『観経疏』（『観無量寿経疏《かんむりょうじゅきょうしょ》』）などを著し、中国浄土教を完成させました。

また善導大師は、当時の都である長安《ちょうあん》で称名念仏の教えを説き、またたくまに民衆にひろまりました。

日本では平安時代に観想念仏が隆盛

いっぽう日本では、中国浄土教が完成をみる前の飛鳥時代に浄土教が伝わっています。

そして奈良仏教や平安初期の天台仏教では、仏教のなかの重要な教えのひとつとして浄土

観想念仏と称名念仏

観想念仏の修行法の基本は、天台三代座主《ざす》円仁《えんにん》が唐から伝えた「常行三昧《じょうぎょうざんまい》」といわれます。念仏のための専門道場で、長期間仏さまを念じながら阿弥陀仏の像のまわりをめぐりつづけることにより、阿弥陀仏の姿が見えてくるというものです。

平安時代の貴族たちが阿弥陀仏の像やお堂をつくったのも観想念仏のためであり、自分たちの極楽往生を願ってのことでした。

しかし、この観想念仏には難解な仏教の知識も必要です。法然上人が念仏修行のうちから「称名念仏」だけを選び取ったのは、「観想念仏」の修行を否定したからではなく、庶民には手の届かない修行だったからです。

念仏をとなえると、その一語一語が仏さまになったと伝えられる

教が隆盛しました。しかしそれは、やはり観想念仏が中心でした。また当時は、仏教自体が民衆とは無縁のものでした。

はじめて民衆に念仏をひろめたのは平安中期の空也《くうや》です。空也は念仏をとなえながら全国をめぐり、民間浄土教の祖とされています。比叡山の常行三昧《じょうぎょうざんまい》の念仏を「山の念仏」というのに対して、空也の念仏は民衆にまでレベルを引き下げたことから「里の念仏」と呼ばれます。

日本の浄土教史にもっとも影響をおよぼしたのは、天台僧の恵心僧都《えしんそうず》源信《げんしん》です。

源信は平安中後期の九八五年に浄土教の百科全書ともいえる『往生要集《おうじょうようしゅう》』を著しました。この書では、極楽浄土に往生することの意味や極楽の様子、念仏の方法、臨終の作法などが詳しく書かれており、中国仏教界にも影響を与えたといわれています。

空也や源信のあとに登場するのが良忍《りょうにん》です。比叡山で修行した良忍は、自他のとなえる念仏はすべてに通ずるとする「融通念仏《ゆうずうねんぶつ》」を説きました。

輪廻転生と仏教

●六道輪廻の世界

人は死後、どうなるのか――それがわかれば、死の恐怖が少しは軽減されるのではないでしょうか。

お釈迦さまの時代のインドには六道輪廻《ろくどうりんね》という世界観がありました。「すべての生きものは迷いの世界である六道のいずれかに生まれ変わることを繰り返す」という考え方です。

六道輪廻の世界を簡単に説明しましょう。

地獄道《じごくどう》……前世でもっとも罪が重かった者が生まれ変わる世界。筆舌に尽くしがたい責め苦が待っている。

餓鬼道《がきどう》……前世で物欲や食欲など欲望のおもむくままに生きてきた者が生まれ変わる世界。満たされない飢えに苦しめられる。

畜生道《ちくしょうどう》……弱肉強食の動物の世界に生まれ変わり、常に身の危険を感じて暮らす。

修羅道《しゅらどう》……慈悲の心を失った者が生まれ変わる世界。永遠に戦いつづけて苦しむ。

人　道《にんどう》……私たちが住む人間界。生老病死《しょうろうびょうし》の苦がある。人間界だけが六道輪廻から脱却して次に浄土に生まれる可能性がある。

天　道《てんどう》……前世で多くの善行《ぜんぎょう》を積んだ者が生まれ変わる世界。快楽の世界だが、輪廻からは脱却できないので不安をかかえて過ごす。

●浄土は輪廻しない理想郷

お釈迦さまは、六道輪廻を断ち切る方法を説いたのです。輪廻しない世界に生まれ変わろう、ということです。

その輪廻しない世界が「浄土」です。

仏教とは、浄土に生まれ変わるための「この世での生き方」の教えなのです。

法灯を守りつづける浄土宗総本山知恩院

浄土宗の総本山は、法然上人の念仏布教の拠点であり、入滅の地である知恩院《ちおんいん》（京都市東山区）です。専修念仏発祥の根本道場として、檀信徒《だんしんと》の信仰を集めています。

江戸時代に徳川家の帰依《きえ》を得て本格的に整備された寺域七万三〇〇〇坪を誇る巨刹《きょさつ》で、百余りの建物があります。木造の門として日本一大きな三門《さんもん》や、法然上人の御影像《みえいぞう》をまつった御影堂《みえいどう》は国宝に指定されています。

浄土宗にはこのほか、七大本山があります。

ぜひ参詣したい浄土宗七大本山

●**増上寺《ぞうじょうじ》（東京都港区）**

関東一を誇る名刹です。徳川家康が江戸に入るときに立ち寄り、当時の住職存応《ぞんのう》に帰依して徳川家の菩提寺《ぼだいじ》となりました。以来、関東での念仏布教の中心となり、関東十八檀林《かんとうじゅうはちだんりん》の筆頭として発展してきました。

●**金戒光明寺《こんかいこうみょうじ》（京都市左京区）**

比叡山をおりた法然上人がはじめて草庵を結んだ地に建つお寺です。上人は比叡山の黒《くろ》谷《だに》という地で長く修行し「黒谷上人」と呼ばれていたことから、このお寺は「黒谷さん」という愛称で親しまれています。

●知恩寺《ちおんじ》（京都市左京区）

法然上人が念仏を説いた地に弟子の源智《げんち》が建てたお寺です。通称「百万遍《ひゃくまんべん》」としてよく知られており、毎月一五日に大勢で行なわれる「百万遍大念珠繰り《ひゃくまんべんだいねんじゅく》」が有名です。

●清浄華院《しょうじょうけいん》（京都市上京区）

平安時代初期に清和《せいわ》天皇の勅願《ちょくがん》により天台宗のお寺として創立。のちに法然上人が後白《ごしら》河《かわ》・高倉《たかくら》・後鳥羽《ごとば》の三天皇に授戒を行ない、浄土宗のお寺になった皇室ゆかりの名刹です。

●善導寺《ぜんどうじ》（福岡県久留米市）

浄土宗二祖の弁長《べんちょう》が開いた、九州での念仏布教の拠点です。寺名の由来は、法然上人が師と呼んだ善導大師像をまつっていることによります。安産祈願のお寺としても有名です。

●光明寺《こうみょうじ》（神奈川県鎌倉市）

鎌倉時代、関東布教の拠点となった名刹です。浄土宗の代表的行事である「お十夜《じゅうや》」（76頁参照）発祥の地として知られ、その日には多くの参詣者でにぎわいます。

●善光寺大本願《ぜんこうじだいほんがん》（長野市）

日本最古の寺院のひとつで、インド・中国・日本の三国伝来の阿弥陀仏を本尊とする阿弥陀信仰の聖地として、にぎわっています。

現在、善光寺本堂は、天台宗の大勧進《だいかんじん》と浄土宗の大本願によって共同管理されています。

浄土宗系各派本山とゆかりのお寺

●誓願寺《せいがんじ》（京都市中京区）

浄土宗西山深草派《せいざんふかくさは》の総本山です。飛鳥時代に天智《てんち》天皇の勅願により平城京に建立されたのを起源とし、本尊の阿弥陀仏も当時の作。

●禅林寺《ぜんりんじ》（京都市左京区）

浄土宗西山禅林寺派《せいざんぜんりんじは》の総本山です。中興の祖である永観《えいかん》が念仏道場とし、「見返《みかえ》り弥陀《みだ》」をまつる永観堂として知られています。

●光明寺《こうみょうじ》（京都府長岡京市）

西山《せいざん》浄土宗の総本山です。法然上人が荼毘《だび》に付された地に建つ由緒あるお寺です。長岡京市粟生《あお》にあることから「粟生光明寺《あおのこうみょうじ》」として知られています。紅葉の名所です。

●平等院《びょうどういん》（京都府宇治市）

平安時代中期に藤原頼通《よりみち》が定朝《じょうちょう》作の阿弥陀仏をまつって創建。阿弥陀堂である鳳凰堂《ほうおうどう》、浄土庭園など見どころ多数です。

●清水寺《きよみずでら》（京都市東山区）

北法相宗《きたほっそうしゅう》の本山ですが、法然上人がはじめて念仏の教えを説いたゆかりの地です。阿弥陀堂には法然上人像がまつられています。

●高徳院《こうとくいん》（神奈川県鎌倉市）

本尊の阿弥陀仏は「鎌倉の大仏さま」として知られています。

第2章

浄土宗の歴史

❶宗祖法然上人の生涯
❷法然上人の弟子たち

九歳で父を亡くし、仏門に入る

法然上人は、平安時代末期の一一三三年に美作国《みまさかのくに》久米《くめ》南条稲岡庄《なんじょういなおかのしょう》（現在の岡山県久米南《くめなん》町《ちょう》）に生まれました。父の漆間時国《うるまときくに》は地方豪族で、押領使《おうりょうし》（治安維持を役目とする地方監督官）をしていました。母は渡来系の秦《はた》氏の出身といわれています。なかなか子宝に恵まれなかった両親は、近くの岩間観音《いわまかんのん》（同県美《み》咲町《さきちょう》の本山寺《ほんざんじ》）に祈願して授かったので、幼名を勢至丸《せいしまる》と名付けました。

ところが九歳のとき、父時国が明石定明《あかしさだあきら》の夜討ちに遭い、その傷がもとで亡くなってしまいます。定明は同じ稲岡庄の管理者として京都から派遣されてきた武士上がりの役人で、二人は日ごろから折り合いがよくありませんでした。

父は臨終の床《とこ》で、勢至丸に「仇討《あだう》ちなど考えずに仏の道に進むように」と遺言しました。そこで勢至丸は母と別れ、母の弟の観覚《かんがく》が住職をしている菩提寺《ぼだいじ》（同県奈義町《なぎちょう》）に入ることになりました。菩提寺は、稲岡庄から北西に七〇キロも離れた那岐山《なぎさん》山腹にある天台宗の山寺です。

勢至丸は、この菩提寺で一三歳まで、叔父の観覚に学びました。

比叡山で得度、一八歳で隠遁生活

勢至丸の神童ぶりに驚いた観覚は、比叡山《ひえいざん》西塔北谷《さいとうきただに》の源光《げんこう》に彼を預けました。

天台宗総本山の比叡山は当時の最高学府であり、宗祖最澄《さいちょう》が開創した東塔《とうどう》、釈迦堂《しゃかどう》などがある西塔《さいとう》、三代天台座主《ざす》円仁《えんにん》が開き「常行《じょうぎょう》三昧《ざんまい》」と呼ばれる不断念仏の修行をはじめた横川《よかわ》の三地域を中心に僧房が点在しています。

源光はいっそう学問修行に励む勢至丸の将来を考え、名門の出身で碩学《せきがく》として知られる東塔西谷功徳院《にしだにくどくいん》の皇円《こうえん》に託しました。一五歳の勢至丸は皇円のもとで受戒得度《とくど》し、「天台三大部」と呼ばれる六〇巻もの経巻を読破、勉学にいそしみました。

ところが皇円に名利《みょうり》を求めて学問をする現状に飽き足りない旨を告げ、一八歳で西塔黒谷別所《くろだにべっしょ》の隠遁《いんとん》僧叡空《えいくう》に師事。叡空から「法然房源空《ほうねんぼうげんくう》」の名を与えられ、師の厳しい指導のもとに最澄以来の正統な円頓戒《えんどんかい》を受け継いで再出家ともいえる求道《ぐどう》生活をつづけました。

二五年間の求道の末、立教開宗

「知恵第一、広深《ひろぶか》の法然房」の呼び名とともに、そのすぐれた学識はすぐに比叡山中に知られるようになりました。しかし、誰もが心のやすらぎを得られる道を求めつづける法然上人は、どうしたら悟りが開けて救われるのか苦悩していました。

二四歳の春、インド・中国・日本の三国伝来といわれる釈迦如来像をまつる京都嵯峨《さが》の清凉寺《せいりょうじ》に七日間参籠《さんろう》祈願したのち、奈良諸宗の高僧を訪ねました。それでも成仏への道、救いの方法は見つかりません。

法然上人は、ふたたび黒谷の経蔵にこもって大蔵経を繰り返し読んだといいます。

そのなかには、源信《げんしん》の『往生要集《おうじょうようしゅう》』（20頁参照）もありました。この書は、地獄に対比させて極楽往生《おうじょう》の素晴らしさが示され、往生の要因として念仏が説かれています。しかし、この念仏は、精神統一して阿弥陀仏《あみだぶつ》や極楽浄土の様子を思い浮かべる観想念仏《かんそうねんぶつ》を主体としていました。観想念仏というのは「常行三昧」の修行にもなっている難行《なんぎょう》ですから、一般の人々が簡単にできるものではありません。何度も読み直すうちに「それでも駄目な人は…」とあり、「念仏をとなえることによって往生できる」という善導大師《ぜんどうだいし》の言葉が引用されていることに気づきます。その根拠を追究していって、ついに一一七五年の春、「心が乱れたまま、ただ念仏をとなえるだけで阿弥陀仏の本願によってかならず往生できる」という『観経疏《かんぎょうしょ》』（19頁参照）のなかの散善義《さんぜんぎ》の一節にめぐり遇えたのです。このとき法然上人は、四三歳になっていました。

大原問答により世に知られる

専修念仏《せんじゅねんぶつ》が万民救済の道であると確信した上人でしたが、それは比叡山で勉学・修行したすべてを捨てることです。人々への布教を躊躇《ちゅうちょ》していると、夢枕に善導大師があらわれて広く人々に伝えるよう告げられたのです。

法然上人は比叡山をおり、京都東山吉水《ひがしやまよしみず》（現在の安養寺《あんようじ》のあたり）に庵《いおり》を結びました。小さな庵から日夜もれてくる念仏の声に一人、二人と人が訪れるようになり、さらに法然上人の教えを聞いて、救いを求める人々が日増しに増えていきました。

そうして一〇年が過ぎたころ、そのうわさは比叡山にも伝わり、比叡山の高僧顕真《けんしん》と法然上人との公開討論会が大原の勝林院《しょうりんいん》で行なわれることになりました。

法然上人は「専修念仏は自分の能力や素質

を考えての結論であり、決して能力のすぐれた方々の学問や修行を否定しようというものではありません。精神統一などできない、私のような凡夫《ぼんぶ》のために説いているのです」と理路整然と説明しました。

その主張に反論する道理はなく、顕真みずから念仏をとなえはじめるや、聞いていた比叡山の学僧や奈良諸宗の僧たちからも念仏の声が湧き上がり、いつまでもつづきました。

これを「大原問答」といいます。

身分の差を超えて集まる門弟たち

法然上人には、すでに黒谷時代から弟子がいました。師叡空没後に弟子となった信空《しんくう》らです。しかし、多くは大原問答以降の入門者で、皇族・貴族から庶民まで、救われないとされていた女性や武士もいました。

なかでも、時の関白《かんぱく》九条兼実《くじょうかねざね》が無位無官の法然上人を自邸に招き、帰依《きえ》したのは驚くべきことでした。また、一ノ谷《いちのたに》の合戦で平敦盛《たいらのあつもり》を討った熊谷直実《くまがいなおざね》が出家《しゅっけ》して蓮生《れんしょう》の入道名をもらいました。

『選択集』を撰述

法然上人が六五歳のころ、上人の老齢を案じた兼実より宗門の教えをまとめてほしいと要請されました。そして撰述されたのが『選《せん》択本願念仏集《ちゃくほんがんねんぶつしゅう》』(『選択集《せんちゃくしゅう》』)です。

題名は、阿弥陀仏が万民救済の方法として、数々の仏道修行のなかからただひとつ選択したのが称名念仏であることを示しています。

法然上人はみずから筆をとって、題名の次に「南無阿弥陀仏」と書き、「往生《おうじょう》之《の》業《ごう》　念《ねん》仏《ぶつ》為《い》先《せん》」(極楽往生するためには、なによりもまず念仏が大切である)とだけ記して、あとは弟子に代筆させました。

この書は、称名念仏以外の仏道修行をすべて捨て去るという革命的な内容でしたので、書写が許されたのは、証空《しょうくう》、弁長《べんちょう》、幸西《こうさい》、隆《りゅう》寛《かん》、親鸞《しんらん》、源智《げんち》の六人の高弟だけでした。上人は献上した兼実にさえも閲覧後は人目のつかないところに隠し置くようにいいました。

専修念仏が禁止され、四国流罪となる

法然上人が説く念仏の教えは民衆にまでひろまり、その勢力は比叡山や興福寺《こうふくじ》が無視で

きないものとなっていました。念仏者のなかには「念仏さえとなえていれば、どんなことをしようと最期は阿弥陀仏がお迎えに来て極楽往生できる」というものまであらわれ、比叡山から抗議を受けるや法然上人もさすがに「七箇条制戒《しちかじょうせいかい》」を門下に通達し、それを守ることを約束して一九〇人が署名した起請文《きしょうもん》を比叡山側に提出し、事は一応おさまりました。

しかし、興福寺は朝廷に専修念仏の禁止を訴えました。このようなとき、〝住蓮《じゅうれん》・安楽《あんらく》事件〟が起きました。法然の弟子の住蓮と安楽の念仏の美声にひかれて、後鳥羽上皇《ごとばじょうこう》の留守中に宮中の女官二人が無断で出家してしまったのです。上皇の寵愛《ちょうあい》を受けていた女官だっただけに、住蓮と安楽は死罪、法然上人も僧籍を剥奪《はくだつ》され土佐流罪《るざい》、親鸞など高弟たちも同様に各地に流されることになりました。

なお、親鸞はのちに浄土真宗の開祖となるわけですが、このとき三五歳、入門して六年しか経っていませんでした。

流罪の地でも布教をつづける

法然上人は七五歳、流罪から生きてもどれないかもしれません。弟子たちは、上人に「念仏の布教はやめる」と朝廷に奏上して内々に教えを伝えていくように懇願しましたが、「流罪は、念仏の教えを都の外の人々に伝えるよい機会を与えてくれたありがたい思《おぼ》し召《め》しです」といって旅立っていかれました。

土佐への途中、殺生を生業《なりわい》とする罪をなげく漁師の夫婦や、いやしい身を恥じる遊女にも念仏をすれば救われると説いています。

そして讃岐《さぬき》に着いてしばらく滞在しているうちに、兼実の尽力によるものか、京都に入らない条件付きで赦免《しゃめん》され、法然上人は勝尾寺《かちおでら》（大阪府箕面《みのお》市）に入りました。しかし、その間に兼実は死去。法然上人は勝尾寺で四年間を過ごし、一二一一年の末、ようやく京都にもどることがゆるされました。

吉水の住房は荒れ果てていたので、慈円《じえん》（兼実の弟で天台宗の高僧）が大谷《おおたに》（現在の知恩院《ちおんいん》の勢至堂《せいしどう》あたり）に住房を用意し、そこに落ち着きました。

『一枚起請文』を著し、八〇歳で極楽往生

法然上人は老齢の身に疲れが加わり、正月二日に病の床につきました。それでも念仏をとなえつづけていたといいます。さらに衰弱が進んで二三日には重態となりましたが持ち

直し、源智の最後の教えを記してほしいという願いを聞き入れて、『一枚起請文《いちまいきしょうもん》』（66頁参照）をしたためました。

法然上人は、それから二日後の一二一二年一月二五日、念仏をとなえながら静かに往生されました。八〇年の生涯でした。

法然上人滅後の法難

法然上人が流罪となり、往生されたあとも、念仏者は減りませんでした。さらに、その年の九月には『選択集』が開板され、大きな波紋を広げました。

法然上人の学識と戒徳に敬意をはらっていた京都栂尾《とがのお》の高山寺《こうざんじ》の明恵《みょうえ》さえも『選択集』を読むや『摧邪輪《ざいじゃりん》』を著して批判しました。

このような批判はあとをたたず、上人滅後一五年目の一二二七年、天台宗の定照《じょうしょう》が書いた『弾選択《だんせんちゃく》』に『顕選択《けんせんちゃく》』を書いて反論した隆寛《りゅうかん》らが流罪となり、『選択集』の版木が焼かれました。ついに上人の遺骸《いがい》を鴨川《かもがわ》に流すといううわさが立ったため、弟子たちは大谷に葬られていた遺骸をひそかに掘り起こして太秦《うずまさ》の地に隠し、翌年の法然上人一七回忌に合わせて粟生《あお》の地（現在の光明寺《こうみょうじ》あたり、24頁参照）で荼毘《だび》に付しました。

これは「嘉禄《かろく》の法難」と呼ばれています。

教義の解釈から分派する法然教団

生前、法然上人自身は堅く戒律を保っていましたが、「魚を食う食わない、妻帯するしないなど、それで自分が念仏をとなえやすいならどちらでもよいから、その人そのままで念仏すればよい」という考えでした。

そのため上人亡きあと、教団は教義の解釈などをめぐっていくつかの派に分かれました。

おもな弟子たちを紹介しましょう。

●**証空**《しょうくう》 貴族の出身で、『選択集』を撰述したとき助筆をつとめました。また、法然上人より円頓戒を相伝。上人が四国流罪のときは慈円の預かりとなって天台宗を学び、上人滅後は西山往生院《せいざんおうじょういん》（京都市西京区にある三鈷寺《さんこじ》）に移って天台教学との融合をはかる西山義をとなえました。

●**弁長**《べんちょう》 比叡山に学び、故郷の鎮西《ちんぜい》（九州）に帰りましたが仏像の購入のため上京。評判を聞いて法然上人の弟子となり、その後、故郷にもどって布教し、鎮西義と呼ばれました。

●**幸西**《こうさい》 比叡山で学んだのち、入門。極楽往生には阿弥陀仏の本願を信じて一回念仏するだけでよいという一念義を説きました。

●**長西**《ちょうさい》 阿弥陀仏の本願には念仏だけでなく、諸行《しょぎょう》による往生も誓われているとして諸行本願義を説き、諸行の実践をすすめました。

●**隆寛《りゅうかん》**　比叡山で学んだのち、入門。臨終時の阿弥陀仏来迎《らいこう》は生涯における念仏の功徳によるとして多念義を説き、念仏を数多くとなえることをすすめました。嘉禄の法難により流罪となり、没しました。

このほかに、黒谷時代からの弟子の信空や法然上人に『一枚起請文』を授けられた源智などがいますが、現在までつづいているのは、証空を祖とする西山派と、弁長を祖とする鎮西派だけです。

証空の西山義は京都の公家たちに受け容れられ、さらに西山六流に分かれました。このうちの西谷《さいこく》流と深草《ふかくさ》流が分裂・統合の変遷を経て、現在の西山浄土宗《せいざんじょうどしゅう》、浄土宗西山禅林寺《せいざんぜんりんじ》派、浄土宗西山深草《せいざんふかくさ》派となりました。

鎮西義は弁長の時代に北九州から四国一帯にひろまり、大勢力となっていました。七五歳の弁長に、奈良や京都で天台・禅・戒律などを学んだ良忠《りょうちゅう》が三八歳で入門したことにより、関東ついで京都に教線が拡大されていきました。この流れが、知恩院を総本山とする現在の浄土宗につながっています。

なお、法然上人から『選択集』の書写を許され、上人の土佐流罪と同時に越後《えちご》に流された高弟の親鸞は、現在の浄土真宗の開祖です。

また、時宗の開祖として知られる一遍《いっぺん》は、証空の孫弟子にあたります。

●浄土系各派の系図

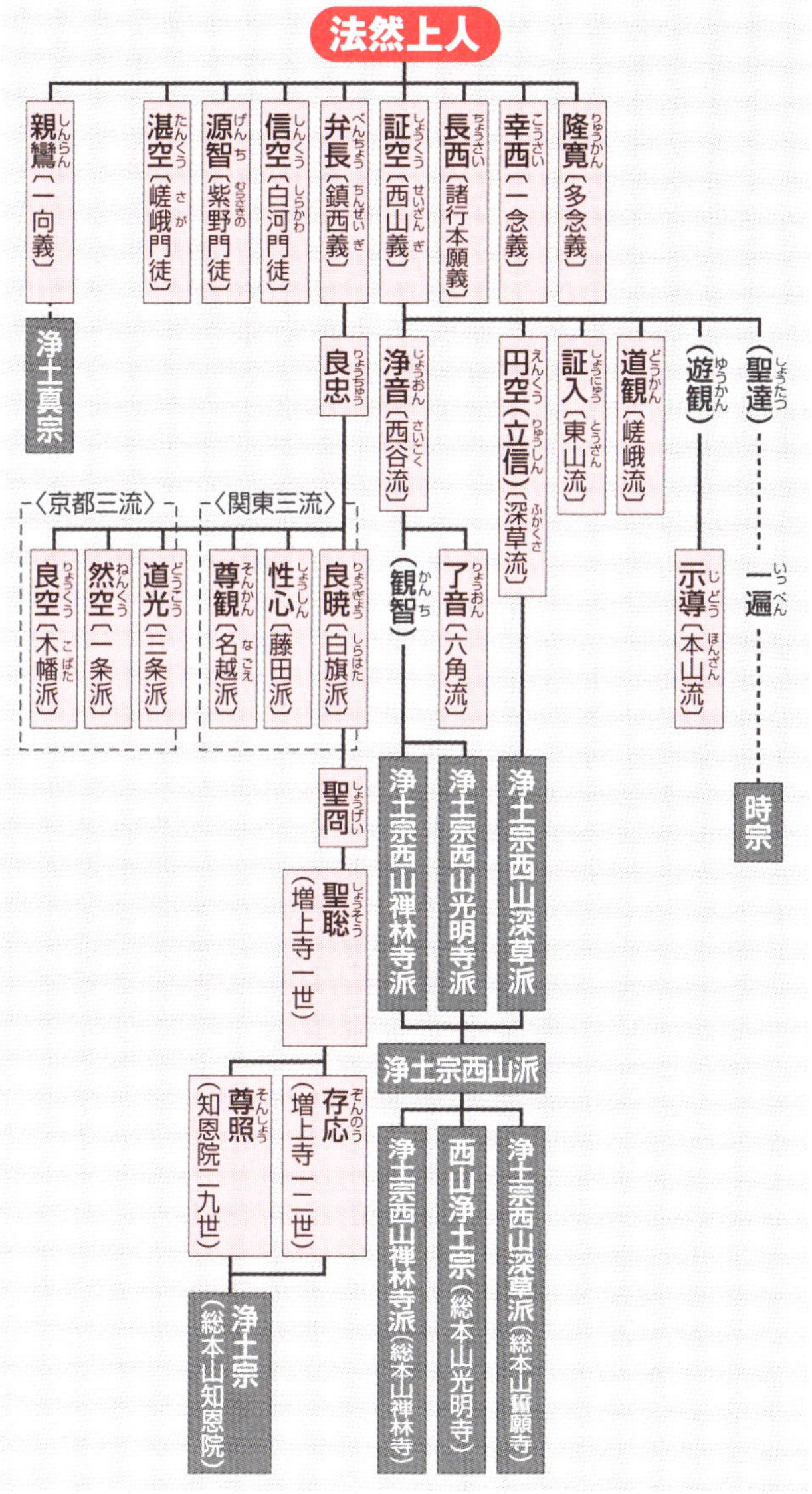
法然上人
隆寛《りゅうかん》（多念義）
幸西《こうさい》（一念義）
長西《ちょうさい》（諸行本願義）
証空《しょうくう》（西山義《せいざんぎ》）
弁長《べんちょう》（鎮西義《ちんぜいぎ》）
信空《しんくう》（白河《しらかわ》門徒）
源智《げんち》（紫野《むらさきの》門徒）
湛空《たんくう》（嵯峨《さが》門徒）
親鸞《しんらん》（一向義）
浄土真宗
良忠《りょうちゅう》
浄音《じょうおん》（西谷《さいこく》流）
円空《えんくう》（立信《りゅうしん》）（深草《ふかくさ》流）
証入《しょうにゅう》（東山《とうざん》流）
道観《どうかん》（嵯峨流）
（遊観《ゆうかん》）
（聖達《しょうたつ》）
〈京都三流〉
〈関東三流〉
良空《りょうくう》（木幡《こばた》派）
然空《ねんくう》（一条派）
道光《どうこう》（三条派）
尊観《そんかん》（名越《なごえ》派）
性心《しょうしん》（藤田派）
良暁《りょうぎょう》（白旗《しらはた》派）
（観智《かんち》）
了音《りょうおん》（六角流）
示導《じどう》（本山《ほんざん》流）
一遍《いっぺん》
時宗
聖冏《しょうげい》
聖聡《しょうそう》（増上寺一世）
浄土宗西山禅林寺派
浄土宗西山光明寺派
浄土宗西山深草派
浄土宗西山派
存応《ぞんのう》（増上寺一二世）
尊照《そんしょう》（知恩院二九世）
浄土宗（総本山知恩院）
浄土宗西山禅林寺派（総本山禅林寺）
西山浄土宗（総本山光明寺）
浄土宗西山深草派（総本山誓願寺）

聖冏と聖聡によって確立された浄土宗

鎮西派の良忠には多くの門弟がおり、関東三流と京都三流に分かれます。

京都に進出した道光《どうこう》が法然上人の遺文集を編集し、西山派に対抗して鎮西派の正統性を主張しました。また、大谷の法然上人の住房跡（のちの知恩院）に廟所《びょうしょ》をつくり、やはり上人の念仏道場だった加茂《かも》の河原屋《かわらや》（のちの知恩寺《ちおんじ》、23頁参照）を拠点としていた源智の法系である紫野《むらさきの》門徒と連係し、京都の鎮西派はしだいに西山派をしのぐ勢力となりました。

いっぽう、関東三流のなかでは良暁《りょうぎょう》の白旗《しらはた》派が主流となり、室町時代に聖冏《しょうげい》とその弟子の聖聡《しょうそう》によって宗派としての体制が整えられました。聖冏が浄土宗の僧侶《そうりょ》の資格を与える規定として五重相伝《ごじゅうそうでん》（87頁参照）の制度をつくり、聖聡がそれを実施したのです。

また聖聡は、真言宗の古寺を改宗して増上《ぞうじょう》寺《じ》（22頁参照）とし、第一世となりました。

江戸幕府のもとで発展する

一五九〇年、江戸城に入城した徳川家康《とくがわいえやす》は増上寺を菩提寺に定めました。

家康の生家である三河《みかわ》の松平《まつだいら》家は代々浄土宗であり、家康は若いときから信仰が篤《あつ》く、六万遍の日課念仏を行なっていたともいわれています。

増上寺一二世の存応《ぞんのう》は家康の帰依を受け、増上寺を現在地に移転しました。また、家康の要請で、浄土宗の学問所として増上寺を筆頭に関東一八檀林《だんりん》を定めました。増上寺は、家康の地位が確立するとともに大きくなり、京都の知恩院と並ぶ大寺院となりました。

また、江戸幕府はキリスト教追放のために、浄土宗に限らず、住民はいずれかのお寺に所属しなければならないという檀家《だんか》・寺請《てらうけ》制度を徹底させました。

明治時代以降の浄土宗

浄土宗は江戸幕府二百六十余年の徳川治下で、もっとも優勢安泰を誇っていました。そして迎えたのが明治維新です。

新政府の神道《しんとう》国教化政策と「神仏分離令」の発令によって、仏教界全体が大きな打撃を受けました。仏教と神道の立場は逆転し、各地でお寺や仏像が打ち壊される廃仏毀釈《はいぶつきしゃく》の嵐が吹き荒れたのです。

幕藩体制によって発展した浄土宗は、その衝撃が他宗以上に深刻でした。

しかし、仏教界が団結してはたらきかけたことにより、「信教自由令」が発令され、少しずつ被害から立ち直っていきました。

また、政府の近代化政策によって僧侶の蓄《ちく》髪《はつ》、肉食《にくじき》、妻帯などの自由が認められ、一宗一管長制度が定められました。

仏教界は新しい時代に対応するため、欧米の学風を取り入れた新しい基盤づくりや、科学的な仏教研究が盛んに行なわれました。

浄土宗では、福田行誡《ふくだぎょうかい》が東西に分裂していた鎮西派を統一し、初代管長に就任しました。

そして浄土宗からは、宗内ばかりでなく、仏教界を代表して世界に通じる優秀な人材を多く輩出しています。

高楠順次郎《たかくすじゅんじろう》ら仏教学者を動員して『大正新《たいしょうしん》修大蔵経《しゅうだいぞうきょう》』を編纂《へんさん》した渡辺海旭《わたなべかいぎょく》と小野玄妙《おのげんみょう》、『仏教大辞典』を編纂した望月信亨《もちづきしんこう》らの功績は現代でも輝いています。

浄土宗ではこのほかにも、社会一般の教育事業や福祉事業に貢献しています。

大正大学（東京都豊島区）や仏教大学（京都市北区）は、明治時代に創立された宗門独自の学校でしたが宗教大学に発展し、一九四九（昭和二四）年に一般の子女も受け容れる総合大学となりました。

また、浄土宗保育協会、浄土宗スカウト連合協議会、浄土宗保護司会、浄土宗社会福祉事業協会など、さまざまな活動をしています。

第3章

浄土宗の仏壇とおつとめ

❶仏壇とお飾り
❷日常のおつとめ
❸拝読するお経

仏壇は一家の心のよりどころ

「うちには亡くなった人がいないから仏壇はまだいらない」という人がいますが、それはちがいます。

　仏壇は、故人や先祖の位牌《いはい》も安置しますが、何よりもまず、本尊をまつるためのものです。「仏壇を購入すると死者が出る」「分家だから仏壇は必要ない」などといった迷信や誤解があるようですが、仏壇は故人や先祖がいる浄土をあらわし、一家の心のよりどころとなるものです。

　死者が出てからあわてて買い求めるよりも、思い立ったときに購入するのがよいでしょう。

　安置する方角は、阿《あ》弥陀仏《みだぶつ》がいらっしゃる西方浄土《さいほうじょうど》を拝む意味で東向きが理想的ですが、こだわる必要はありません。

仏壇は仏さまの浄土

一般的な仏壇内部の構造は、上段を「須弥《しゅみ》壇《だん》」、その上の空間を「宮殿《くうでん》」といいます。

これは、私たちが住んでいるこの世界の中心には須弥山《しゅみせん》という高い山があり、その上に宮殿があって仏さまが住んでいるという仏教の宇宙観をあらわしています。

仏さまの世界として、もっともよく知られているのは阿弥陀仏の極楽浄土《ごくらくじょうど》です。西方はるか彼方にあり、このうえもなく美しく、やすらかな世界だといわれています。

ほかに、悟りを開いたお釈迦さまが説法する霊山《りょうぜん》浄土や、お釈迦さまが前世に住み、いまは弥勒菩薩《みろくぼさつ》が住んでいるという兜率天《とそつてん》、悩み苦しんでいる人々の声を聞き、さまざまな姿に変身して救済してくれるという観音菩薩《かんのんぼさつ》が住む補陀落山《ふだらくせん》などがあります。

だから、どの宗派の仏壇も、須弥山をあらわす須弥壇は精巧な彫刻が施され、宮殿には本尊をかけるようになっています。

浄土とはそもそも色も形もない真実そのものの仏さまの世界ですが、その素晴らしさをなんとか目に見える形であらわそうとしたのが仏壇なのです。最近は、マンションの洋間にも似合うモダンな現代仏壇もあります。

仏壇の購入は宗派をしっかり伝えて

伝統的な仏壇は大きく分けて、黒檀《こくたん》や紫檀《したん》の木でできた唐木《からき》仏壇と、漆《うるし》で塗り金箔《きんぱく》で飾った金仏壇があります。金仏壇はおもに浄土真宗で用いられます。浄土宗の仏壇は地域によって異なっています。

仏壇購入の際には「浄土宗」と、自分の宗派をしっかり伝えるようにしましょう。なお、こまかくいえば、浄土宗各派でお飾りする作法などもちがってきます。

家に仏壇を置くスペースがないときには無理して仏壇を購入する必要はありません。タンスの上などに本尊と三具足《みつぐそく》（46頁参照）を置くだけでも立派な仏壇です。

浄土宗の本尊は阿弥陀仏

浄土宗の本尊は阿弥陀仏《あみだぶつ》です。

阿弥陀仏を中心に、向かって右に観音菩薩《かんのんぼさつ》、左に勢至菩薩《せいしぼさつ》をまつることを「弥陀三尊《みださんぞん》」といいます。または右に高祖善導大師《こうそぜんどうだいし》、左に宗祖（元祖《がんそ》）法然上人《ほうねんしょうにん》をまつることもあります。

浄土宗の阿弥陀仏は船形光背《ふながたこうはい》を持つ立像《りゅうぞう》が多いですが、坐像や「南無阿弥陀仏《なむあみだぶつ》」の六字名号《みょうごう》もあります。また、本尊や脇侍《わきじ》の仏像や祖師像は彫像や絵像があり、どちらでもかまいません。

新たに仏壇を購入したときなどは、菩提寺《ぼだいじ》の住職に相談して本尊をそろえるのがよいでしょう。

仏壇・本尊などを新しくしたら

仏壇を購入し、本尊をまつるときには、菩提寺の住職にお願いして開眼式《かいげんしき》をしていただきます。「御霊《みたま》入れ」「お性根《しょうね》入れ」などともいわれ、本尊に命を吹き込んで本来のはたらきができるようにすることです。これによって、仏壇は仏さまの浄土となります。

仏壇を買い替えたときには、古い仏壇の「御霊抜き」「お性根抜き」の意味で撥遣式《はっけんしき》をしていただきます。そして、そのうえで、本尊や位牌を新しい仏壇に移して開眼式が行なわれます。これは、位牌やお墓などを新しくしたり、改修したときも同様です。

撥遣式後、不要になった仏壇や位牌、お墓の板塔婆《いたとうば》などは処分していただきます。これを「浄焚《じょうぼん》」といいます。

お飾りの基本は三具足

基本となる仏具は、ろうそくを立てる燭台《しょくだい》、花を立てる華瓶《けびょう》、香をたく、あるいは線香を立てる香炉《こうろ》の三つです。これを「三具足《みつぐそく》」といいます。

なお、年回（年忌）法要、お正月、お彼岸《ひがん》、

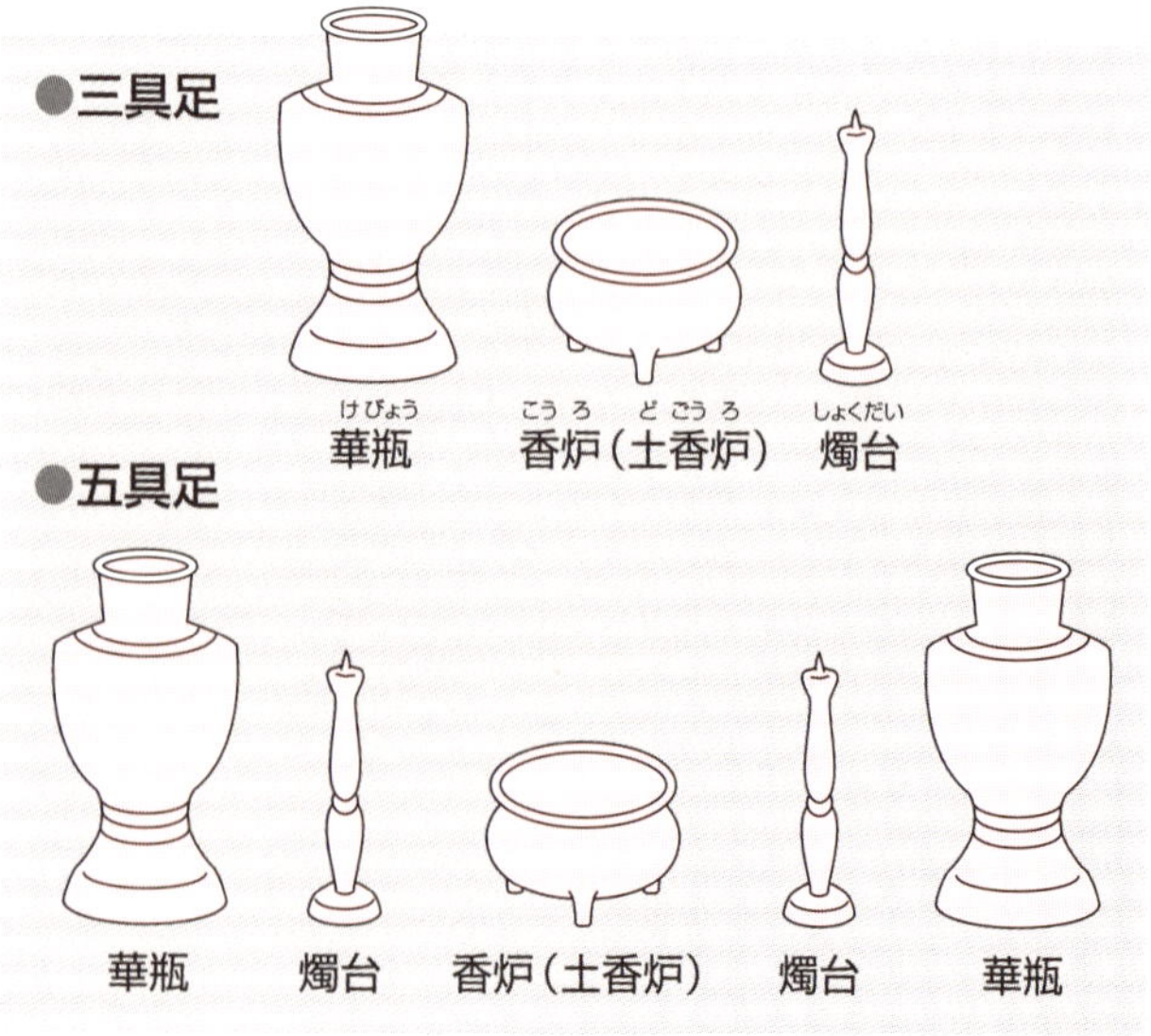

お盆などの特別な仏事のときには、香炉の左右に燭台と華瓶を一対《いっつい》ずつ置いて「五具足《ごぐそく》」とします。大きな仏壇では、五具足の香炉を抹香《まっこう》をたく火舎香炉《かしゃこうろ》とし、線香を立てる前香《まえこう》炉《ろ》（土香炉《どごうろ》）と線香立てを加えて、「七具足《しちぐそく》」（49頁参照）とすることもあります。

この「具足」とは、じゅうぶん満ち足りて何ひとつ欠けたものがないという意味です。

浄土宗の仏壇のお飾りの仕方

仏壇の仏具を調え、お飾りすることを「荘《しょう》厳《ごん》」といいます。

仏壇の荘厳は、仏教各派によってちがいますが、仏壇の大きさなどによっても変わってきます。また、日常と特別な仏事のときとでちがってきます。

宮殿の中央に本尊の阿弥陀仏、脇侍としてその左右に勢至菩薩と観音菩薩、あるいは法然上人と善導大師の祖師像をまつります。

位牌は、一段下がった左右の脇壇または中段に安置します。このとき、新しい位牌を向かって右に、古い位牌を左にします。そして茶湯《ちゃとう》と仏飯《ぶっぱん》をそなえます。

下段には、三具足または五具足を配置し、過去帳を置きます。

仏壇の前には経机を置き、経本、数珠《じゅず》、リ

ンなどを置きます。木魚《もくぎょ》や伏鉦《ふせがね》があれば、経机の右下に置きます。

命日《めいにち》やお盆などには霊供膳《れいくぜん》（霊膳）をそなえ、半紙を敷いた高坏《たかつき》にお菓子や果物《くだもの》などの供物《くもつ》を盛ります。いただきものがあったときも一度仏前にそなえます。

大きな仏壇では、戸帳《とちょう》や瓔珞《ようらく》、灯籠《とうろう》などをつるし、前机を置いて打敷をかけ、華瓶とは別に「常花《じょうか》」（浄華）と呼ばれる造花を飾ったり、七具足（47・49頁参照）とすることもあります。仏壇が小さい場合は、本尊と三具足、茶湯、仏飯、リンがあればじゅうぶんです。その他のお飾りは住職や仏具店に相談してそろえていけばよいでしょう。

●霊供膳（霊膳）

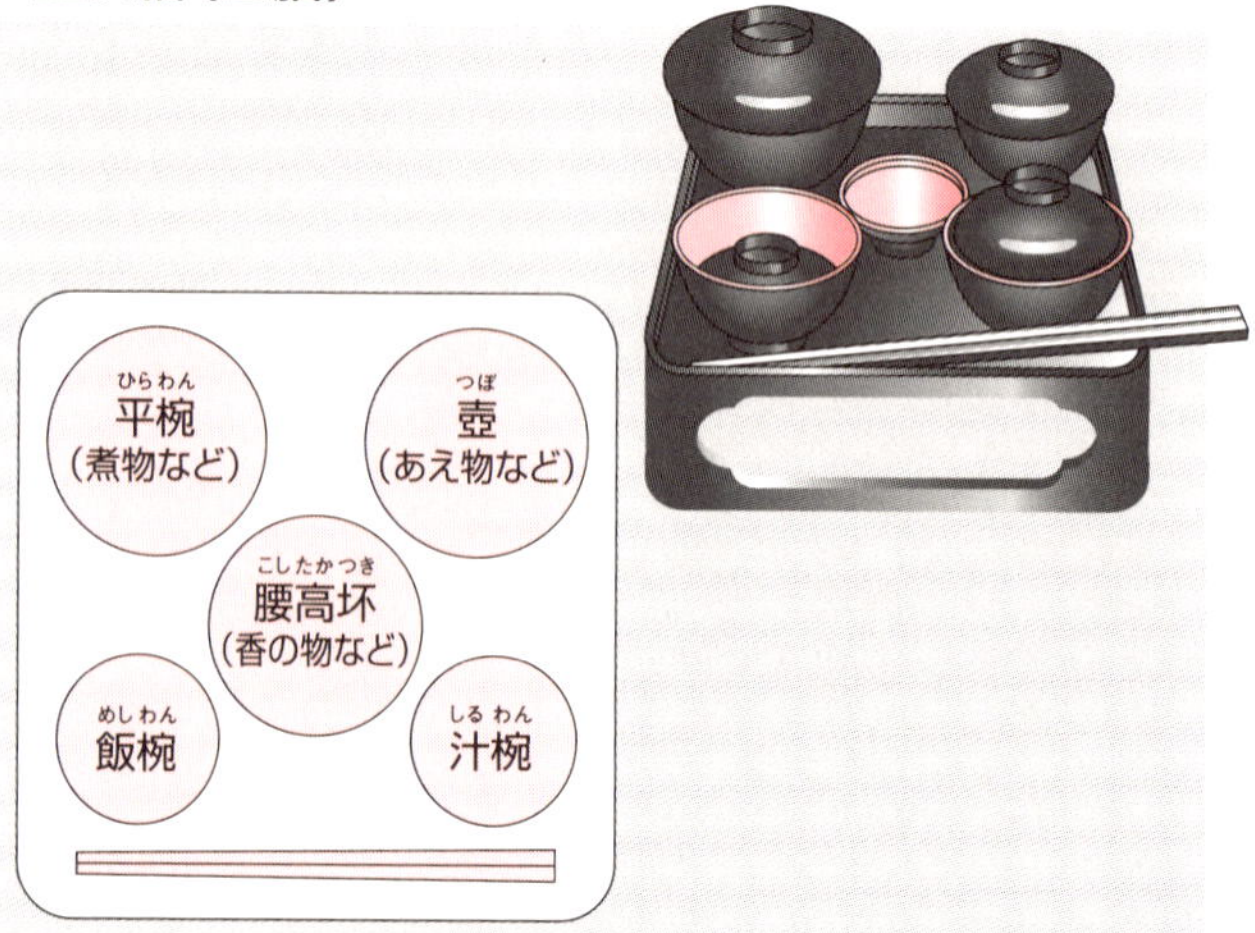

＊仏前に箸が向くようにお膳をまわしてそなえる

●浄土宗のお飾り

❶本尊（阿弥陀仏《あみだぶつ》）　❷脇侍《わきじ》（観音菩薩《かんのんぼさつ》または善導大師《ぜんどうだいし》）

❸脇侍（勢至菩薩《せいしぼさつ》または法然上人《ほうねんしょうにん》）　❹戸帳　❺瓔珞《ようらく》（一対）

❻灯籠《とうろう》（一対）　❼位牌《いはい》　❽茶湯器《ちゃとうき》　❾仏飯器《ぶっぱんき》　❿高坏《たかつき》（一対）

⓫過去帳　⓬前机　⓭打敷《うちしき》　⓮常花《じょうか》（一対）

七具足

⓯華瓶《けびょう》（一対）　⓰香炉《こうろ》（火舎香炉《かしゃこうろ》・前香炉《まえこうろ》）

⓱燭台《しょくだい》（一対）　⓲線香立て　＊五具足や三具足でもよい

⓳経机　⓴数珠《じゅず》　㉑経本　㉒リン　㉓木魚《もくぎょ》　㉔伏鐘《ふせがね》

＊三本足の仏具はかならず一本の足が正面にくるように置く

位牌が多くなったら繰り出し位牌にする

位牌は、古く中国の後漢時代、儒教のならわしにより官位や姓名を小さな板に記してまつったことにはじまったものです。それが日本に伝わり、先祖供養という日本的な習俗の影響を受けて、現在のようなかたちになったといわれています。

お葬式で用いる白木《しらき》の位牌は四十九日《しじゅうくにち》の満《まん》中陰《ちゅういん》にお寺に納め、黒塗りや金箔を貼った本位牌に改めます。本位牌とはふつう、故人一人に対して一つつくる札位牌をいいます。

位牌が多くなったときには、繰り出し位牌にまとめることができますので、菩提寺に相談します。繰り出し位牌というのは、屋根や扉がついたもので、このなかに札板が数枚入るようになっています。命日や法事のときに、それぞれの札板を前に出して見えるようにします。

過去帳は「霊簿《れいぼ》」ともいい、故人の戒名《かいみょう》や俗名《ぞくみょう》、命日、享年《きょうねん》を記します。

●繰り出し位牌

位牌や過去帳は、永遠の過去からいまの私につながる尊い命のしるしです。

日常のおつとめは自身の修行と祈り

浄土宗のおつとめの中心は「南無阿弥陀仏」と念仏をとなえることです。念仏は信仰生活の基本であり、極楽往生《ごくらくおうじょう》への道です。

おつとめは「勤行《ごんぎょう》」ともいいます。日課として行なうということです。浄土宗の授戒会《じゅかいえ》（86頁参照）を受けた檀信徒《だんしんと》は、日課念仏を約束します。これは、朝夕のおつとめにかぎりません。いつどんなときでもよいのですが、仕事をしながらテレビを見ながらにしても、念仏をとなえながらほかのことをするという心がまえが大切です。

法然上人は、念仏を実践する心得として「三心四修《さんじんししゅ》」を説いています。

三心とは、自分を飾ることも偽ることもない純粋な心（至誠心《しじょうしん》）に立ち返り、深く自己を見つめることによって念仏以外にはないと深く思う心（深心《じんしん》）をもって、みなともに極楽浄土に往生したいと願う心（回向発願心《えこうほつがんじん》）のことです。そしてそれは、一心に念仏をとなえるなかに自然にこもってくるものだといっています。

四修とは、阿弥陀仏を敬い（恭敬修《くぎょうしゅ》）、ひたすら（無余修《むよしゅ》）、休みなく（無間修《むけんじゅ》）、命の尽きるまで（長時修《じょうじしゅ》）、念仏に励む生活態度をあらわしています。

また浄土宗では、念仏をとなえること（称《しょう》名正行《みょうしょうぎょう》）を助けるものとして、浄土経典を読むこと（読誦正行《どくじゅしょうぎょう》）、仏さまや浄土を思い浮かべること（観察正行《かんざつしょうぎょう》）、阿弥陀仏を礼拝すること（礼拝正行《らいはいしょうぎょう》）、阿弥陀仏をたたえ供養すること（讃嘆供養正行《さんだんくようしょうぎょう》）をあげています。

おつとめの基本は合掌礼拝

浄土宗の合掌は「堅実心合掌《けんじつしんがっしょう》」といいます。右手と左手の指先をそろえ、手のひらをぴったり合わせます。まっすぐに指を伸ばし、四指のあいだを閉じます。親指と人差し指のあいだは数珠をかけることが多いので、自然に開きます。数珠をかけないときもむりやり閉じる必要はありません。

合掌した両手を胸の前に持ってきて、やや向こう側に倒します。このとき、腕と体の角度が四五度になるのが美しく、自然な姿です。

この堅実心合掌は、仏さまと自分とが一心同体であることを意味し、篤《あつ》い信仰心を示しています。

浄土宗では、上礼《じょうらい》（上品《じょうぼん》の礼）・中礼《ちゅうらい》（中《ちゅう》品《ぼん》の礼）・下礼《げらい》（下品《げぼん》の礼）の三種類の礼拝の仕方があります。

このなかで檀信徒が覚えておきたいのは、

●下礼
浅揖《せんゆう》
15度
深揖《じんゆう》
45度
●上礼
①合掌したまま正座から立ち上がる
②合掌したままふたたび正座にもどる
③軽く背をそらせ、腰から深くお辞儀をする
④両手のひらを上に向けながら両ひじと額を床につける
⑤両手のひらを耳の横まであげる

＊中礼は②からはじめる

下礼です。下礼とは、合掌して正座のまま、あるいは立ったままお辞儀をすることです。お辞儀の角度によって「浅揖《せんゆう》」と「深揖《じんゆう》」とがあり、浅揖は一五度くらい、深揖は四五度くらい、上体を前に倒します。頭だけ下げるのではなく上体ごと傾けるのがポイントです。家庭の日常のおつとめでは下礼でよいので、はじめと終わりにかならず合掌礼拝します。

なお、上礼は「五体投地の礼」とも呼ばれ、合掌した正座姿から一度立ち上がり、身も心も地面に投げ出す礼拝の仕方です。中礼は、上礼を簡略化したもので、すわったままで行ないます。

どちらも合掌したまま腰から深くお辞儀をして両ひじと額《ひたい》を床《ゆか》につけ、両手のひらを上に向けます。これは、阿弥陀仏の御足《みあし》をいただく姿をあらわしています。

こうした上礼や中礼は、本山での勤行や五《ご》重相伝《じゅうそうでん》（87頁参照）を受けるときなどに必要になりますが、事前に僧侶に教えていただけばよいでしょう。

数珠は礼拝するときの身だしなみ

数珠は「念珠《ねんじゅ》」ともいい、人間が持つ煩悩《ぼんのう》を退治するためにつくられ、もともとは一〇八珠《たま》でした。いまはさまざまな珠数のものがあり、かけ方も宗派によってちがいます。

浄土宗の数珠には、僧侶が儀式に用いる荘厳数珠《しょうごんじゅず》、正式な百八数珠、二つの輪がつながっている浄土宗独特の日課数珠、大勢で繰りながらとなえる百万遍念仏のための大きな数珠などがあります。このうち、檀信徒におすすめしたいのは日課数珠です。日課数珠は、木魚などをたたきながら片手で念仏の数をかぞえられるしくみになっています。数のかぞえ方は、住職に教えていただくとよいでしょう。なお浄土宗では、数珠をすり合わせて音をたてたりすることはしません。

最近は、宗派を問わない略式の数珠も市販されていますが、できれば家族全員がそれぞれに日課数珠を持ちたいものです。

また、数珠とともに小五条《こごじょう》や輪袈裟《わげさ》があれば身につけたいものです。小五条は五重相伝を受けた篤信《とくしん》の檀信徒に授与されるものです。輪袈裟は菩提寺を通じて求められます。檀信徒は、黒や茶など目立たない色（壊色《えじき》という）をつけます。

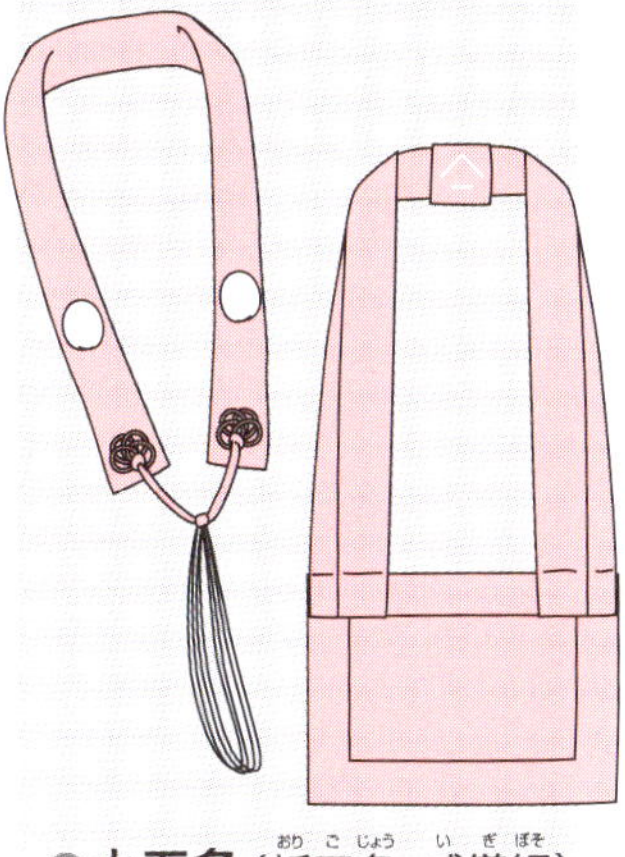

●輪袈裟（種子衣《しゅじえ》）

●小五条（折五条《おりごじょう》・威儀細《いぎぼそ》）

●日課数珠の作法

日課数珠

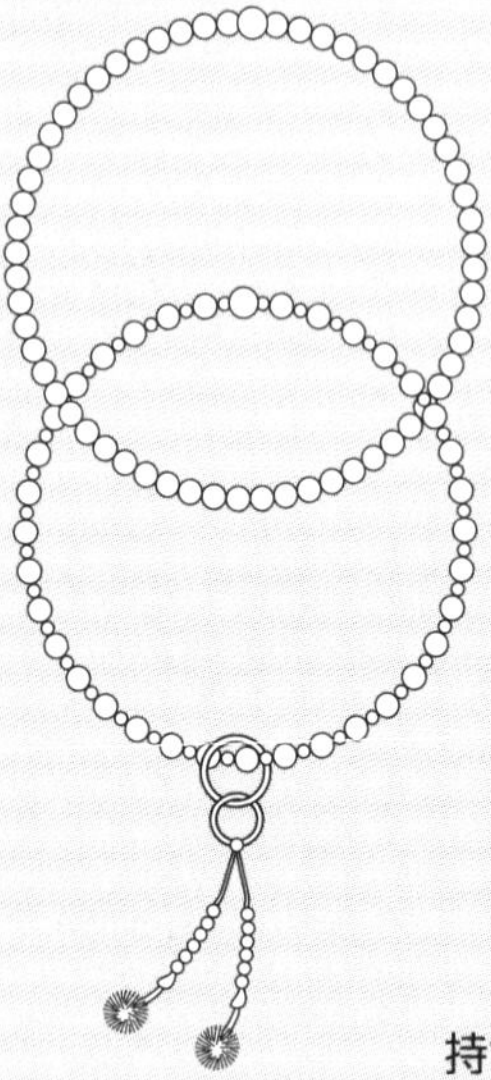

合掌礼拝のとき

＊二環にして両手の親指にかけ、
房を手前に垂らす

持つとき

＊二環にして左手に持つ

●略式の数珠の作法

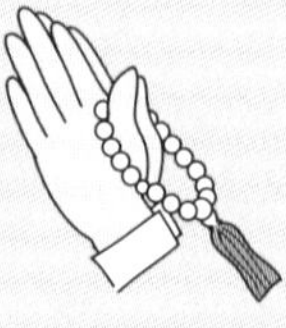

合掌礼拝のとき

＊日課数珠と同様に

持つとき

＊左手に持つ

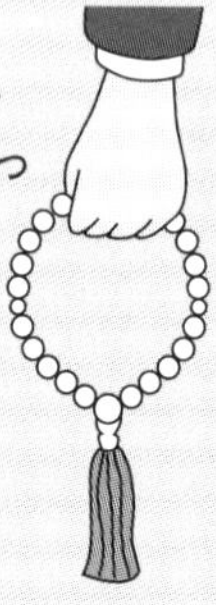

お給仕を調えてからおつとめをする

朝夕二回のおつとめが原則ですが、できないときはどちらか一回でもおつとめしたいものです。

朝起きて洗顔後、華瓶の水をとりかえ、炊きたての仏飯と茶湯をそなえます。ご飯が炊けていなかったら、おつとめ後でもかまいません。また、パン食ならパンでもかまいません。そして、ろうそくに火をともし、その火で線香に火をつけ、香炉に立てます。

ろうそくの火は「灯明《とうみょう》」と呼ばれ、仏さまの智慧《ちえ》や慈悲《じひ》の光明《こうみょう》がこの世を照してくれていることを示しています。ですから、ろうそくや線香の火を口で吹き消すことはしません。

お給仕が調ったら姿勢を正し、合掌礼拝してておつとめをはじめます。終えたらふたたび合掌礼拝し、ろうそくの火を消します。

仏飯と茶湯は夕のおつとめ後に下げますが、しないときは正午までに下げます。阿弥陀仏とともに生活するつもりで供養し、念仏をとなえやすい環境をつくることが大切です。

リンはおつとめのとき以外はむやみに鳴らさないようにします。また、経本や数珠、輪袈裟などは、床や畳の上に直接置かず、かならず敷物や台の上に置くようにします。

●線香の作法

①線香はろうそくから火をつける

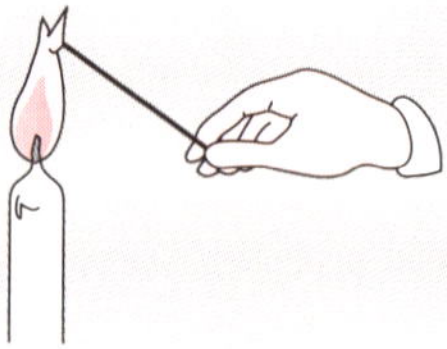

②左手であおいで消す

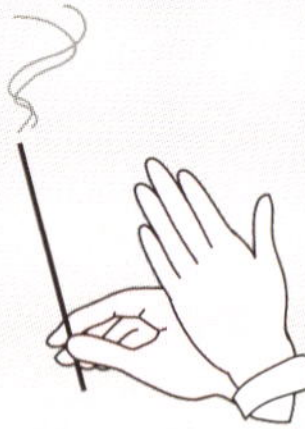

③左手をそえて額の高さに頂戴する

④香炉に立てる

（1本〜3本）

●経本の正しい持ち方

●リンの打ち方

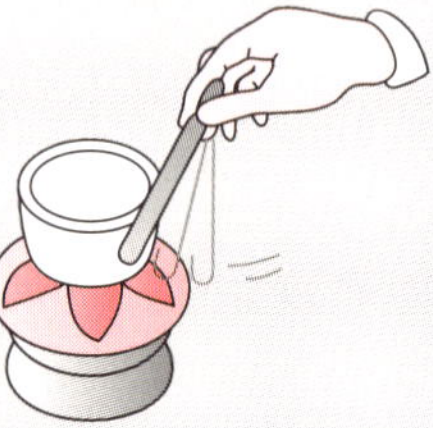

バチ（打ち棒）を軽く持ち、リンの外側を手前から向こうに打つ

日常のおつとめで拝読するお経

「浄土宗檀信徒日常勤行式」を次頁に紹介します。経本は菩提寺を通じて求められます。

浄土宗のおつとめのなかで、もっとも大切なのは念仏をとなえることです。念仏のとなえ方には、次の三つの方法があります。

●**十念**《じゅうねん》　念仏を一〇回となえることです。「な〜むあみだぶ、なむあみだぶ……」と八回となえ、九回目は「なむあみだぶつ」と発音し、最後にまた「な〜むあみだ〜ぶ〜」ととなえます。法要などで導師が「同唱十念」といわれたら、参列者一同合掌し、声をそろえてとなえます。

●**念仏一会**《ねんぶついちえ》　心ゆくまでひたすら何回も念仏をとなえることです。

●**三唱礼**《さんしょうらい》　おつとめの終わりに、節をつけて念仏を三回となえて一礼する動作を三回繰り返します。

また浄土宗では、言葉と言葉の合間に木魚を打つ「あいだ打ち」に特徴があります。

五重相伝を受けたときや、本山の法式教室などで指導していただけますが、菩提寺の住職に習ったり、最近はカセットテープやCDが市販されていますので聞きながら練習するのもよいでしょう。

●浄土宗檀信徒日常勤行式

❶**香《こう》偈《げ》**（次頁参照）――香をたき、仏さまを迎える準備をする

❷**三《さん》宝《ぼう》礼《らい》**（次頁参照）――真心をこめて仏・法・僧の三宝に礼拝する

❸**三《さん》奉《ぶ》請《じょう》**（62頁参照）――仏さまをお迎えする

❹**懺《さん》悔《げ》偈《げ》**（62頁参照）・**十念**――気づかずに犯してきた過ちを反省する

❺**開《かい》経《きょう》偈《げ》**（63頁参照）――仏さまの教えに出合えた幸せに感謝する

❻**誦《ず》経《きょう》**――『四《し》誓《せい》偈《げ》』（63頁参照）、『阿《あ》弥《み》陀《だ》経《きょう》』などを拝読する

❼**本《ほん》誓《ぜい》偈《げ》**（65頁参照）または**聞《もん》名《みょう》得《とく》益《やく》偈《げ》・十念**――誦経・念仏の功徳を阿弥陀仏に向け、自分や他の人々にふりむけてもらう

❽**一《いち》枚《まい》起《き》請《しょう》文《もん》**（66頁参照）――法然上人の著述や手紙の一節をとなえる

❾**摂《しょう》益《やく》文《もん》**（68頁参照）・**念《ねん》仏《ぶつ》一《いち》会《え》**――阿弥陀仏の慈悲に感謝する

❿**総《そう》回《え》向《こう》偈《げ》**（68頁参照）・**十念**――みなともに極楽往生できるように願う

⓫**総《そう》願《がん》偈《げ》**（69頁参照）――大乗仏教徒としての誓いを述べる

⓬**三《さん》唱《しょう》礼《らい》**または**三《さん》身《じん》礼《らい》**（69頁参照）――報恩の心で仏さまに礼拝する

⓭**送《そう》仏《ぶつ》偈《げ》**（70頁参照）・**十念**――仏さまをお送りする

香偈

願《がん》我《が》身《しん》浄《じょう》如《にょ》香《こう》炉《ろ》　願《がん》我《が》心《しん》如《にょ》智《ち》慧《え》火《か》

念《ねん》念《ねん》焚《ぼん》焼《じょう》戒《かい》定《じょう》香《こう》　供《く》養《よう》十《じっ》方《ぽう》三《さん》世《ぜ》仏《ぶ》

三宝礼

一《いっ》心《しん》敬《きょう》礼《らい》十《じっ》方《ぽう》法《ほう》界《かい》常《じょう》住《じゅう》仏《ぶ》

一《いっ》心《しん》敬《きょう》礼《らい》十《じっ》方《ぽう》法《ほう》界《かい》常《じょう》住《じゅう》法《ほう》

一《いっ》心《しん》敬《きょう》礼《らい》十《じっ》方《ぽう》法《ほう》界《かい》常《じょう》住《じゅう》僧《そう》

【現代語訳】

香《こう》が香るように、わが身も清らかでありますように。灯明《とうみょう》が闇《やみ》を開くように、わが心も仏さまの智慧《ちえ》の光明《こうみょう》で迷いの闇を開けますように。身を戒め心静かに香をたき、あらゆる仏さまに供養いたします。

【現代語訳】

あらゆる仏さまを心から敬い礼拝《らいはい》いたします。

あらゆる仏さまの教えを心から敬い礼拝いたします。

あらゆる仏さまの教えを信じて仏道修行に励む方々を心から敬い礼拝いたします。

三奉請

奉《ぶ》請《じょう》弥《み》陀《だ》世《せ》尊《そん》入《にゅう》道《どう》場《じょう》
奉《ぶ》請《じょう》釈《しゃ》迦《か》如《にょ》来《らい》入《にゅう》道《どう》場《じょう》
奉《ぶ》請《じょう》十《じっ》方《ぽう》如《にょ》来《らい》入《にゅう》道《どう》場《じょう》

懺悔偈

我《が》昔《しゃく》所《しょ》造《ぞう》諸《しょ》悪《あく》業《ごう》　皆《かい》由《ゆ》無《む》始《し》貪《とん》瞋《じん》痴《ち》
従《じゅう》身《しん》語《ご》意《い》之《し》所《しょ》生《しょう》　一《いっ》切《さい》我《が》今《こん》皆《かい》懺《さん》悔《げ》

【現代語訳】
阿弥陀さま、どうぞこの悟りの場においでください。
お釈迦さま、どうぞこの悟りの場においでください。
あらゆる仏さま、どうぞこの悟りの場においでください。

【現代語訳】
私は昔から数え知れない罪を犯してきましたが、それはみな心のなかに持つ遠い過去からのむさぼり・いかり・おろかさにより、私の身体・言葉・意識を通して生じたものです。いま、そのいっさいを反省し、懺悔いたします。

開経偈

無《む》上《じょう》甚《じん》深《じん》微《み》妙《みょう》法《ほう》　百《ひゃく》千《せん》万《まん》劫《ごう》難《なん》遭《そう》遇《ぐう》
我《が》今《こん》見《けん》聞《もん》得《とく》受《じゅ》持《じ》　願《がん》解《げ》如《にょ》来《らい》真《しん》実《じつ》義《ぎ》

【現代語訳】

このうえなく深くすぐれた仏さまの教えにめぐり遇うのは永遠の時を経てもありえないほど難しいことですが、私はいま幸いにしてその教えを聞き、受けとらせていただきました。仏さまの悟りの真実と意義を理解し、体得したいと心から願います。

四誓偈

我《が》建《ごん》超《ちょう》世《せ》願《がん》　必《ひっ》至《し》無《む》上《じょう》道《どう》　斯《し》願《がん》不《ふ》満《まん》足《ぞく》　誓《せい》不《ふ》成《じょう》正《しょう》覚《がく》
我《が》於《お》無《む》量《りょう》劫《こう》　不《ふ》為《い》大《だい》施《せ》主《しゅ》　普《ふ》済《さい》諸《しょ》貧《ひん》苦《ぐ》　誓《せい》不《ふ》成《じょう》正《しょう》覚《がく》
我《が》至《し》成《じょう》仏《ぶつ》道《どう》　名《みょう》声《しょう》超《ちょう》十《じっ》方《ぽう》　究《く》竟《きょう》靡《み》所《しょ》聞《もん》　誓《せい》不《ふ》成《じょう》正《しょう》覚《がく》

離《り》欲《よく》深《じん》正《しょう》念《ねん》
浄《じょう》慧《え》修《しゅ》梵《ぼん》行《ぎょう》
志《し》求《ぐ》無《む》上《じょう》道《どう》
為《い》諸《しょ》天《てん》人《にん》師《し》

神《じん》力《りき》演《えん》大《だい》光《こう》
普《ふ》照《しょう》無《む》際《さい》土《ど》
消《しょう》除《じょ》三《さん》垢《く》冥《みょう》
広《こう》済《さい》衆《しゅ》厄《やく》難《なん》

開《かい》彼《ひ》智《ち》慧《え》眼《げん》
滅《めっ》此《し》昏《こん》盲《もう》闇《あん》
閉《へい》塞《そく》諸《しょ》悪《あく》道《どう》
通《つう》達《だつ》善《ぜん》趣《じゅ》門《もん》

功《く》祚《そ》成《じょう》満《まん》足《ぞく》
威《い》曜《よう》朗《ろう》十《じっ》方《ぽう》
日《にち》月《がっ》戢《しゅう》重《じゅう》暉《き》
天《てん》光《こう》隠《おん》不《ぷ》現《げん》

為《い》衆《しゅう》開《かい》法《ほう》蔵《ぞう》
広《こう》施《せ》功《く》徳《どく》宝《ほう》
常《じょう》於《お》大《だい》衆《しゅう》中《じゅう》
説《せっ》法《ぽう》師《し》子《し》吼《く》

供《く》養《よう》一《いっ》切《さい》仏《ぶつ》
具《ぐ》足《そく》衆《しゅ》徳《とく》本《ほん》
願《がん》慧《ね》悉《しつ》成《じょう》満《まん》
得《とく》為《い》三《さん》界《がい》雄《おう》

如《にょ》仏《ぶつ》無《む》礙《げ》智《ち》
通《つう》達《だつ》靡《み》不《ふ》照《しょう》
願《がん》我《が》功《く》慧《え》力《りき》
等《とう》此《し》最《さい》勝《しょう》尊《そん》

斯《し》願《がん》若《にゃっ》剋《こっ》果《か》
大《だい》千《せん》応《おう》感《かん》動《どう》
虚《こ》空《くう》諸《しょ》天《てん》人《にん》
当《とう》雨《う》珍《ちん》妙《みょう》華《け》

【大意】

私（法蔵《ほうぞう》菩薩《ぼさつ》）は「四十八願《しじゅうはちがん》」を立てました。かならずこれらの誓願を達成して最高の悟りを開きます。もしそれができないならば、仏とはなりません。（第一の誓い）

私は永遠に時がつづくかぎり財と法（教え）を施してさまざまな貧苦にあえぐ人々を救えないならば、仏とはなりません。（第二の誓い）

私が悟りを開いたのち、私の名を呼ぶ声が隅々まで聞かれるようにならないならば、仏とはなりません。（第三の誓い）

師（世自在王仏《せじざいおうぶつ》）の智慧の光がすべてに行きわたって照らすように、私の智慧の力も師に等しくありたいと願います。（第四の誓い）

本誓偈

弥陀《みだ》本誓願《ほんぜいがん》　極楽《ごくらく》之《し》要門《ようもん》

定散等回向《じょうさんとうえこう》　速証無生身《そくしょうむしょうしん》

【現代語訳】

阿弥陀仏の本願は、私たちが極楽浄《ごくらくじょう》土《ど》に生まれるための要《かなめ》となるものです。心を統一して念仏ができる人にも心が散乱しがちな人にも等しくその功徳《くどく》はふりむけられ、みな速やかに生死《しょうじ》を超えた身となれることを念仏をとなえることで証明しましょう。

元祖大師（宗祖法然上人）御遺訓

一枚起請文

唐土我朝《もろこしわがちょう》に、もろもろの智者達《ちしゃたち》の、沙汰《さた》し申《もう》さるる観念《かんねん》の念《ねん》にもあらず。また学問《がくもん》をして、念《ねん》のこころを悟《さと》りて申《もう》す念仏《ねんぶつ》にもあらず。ただ往生極楽《おうじょうごくらく》のためには、南無阿弥陀仏《なむあみだぶつ》と申《もう》して、うたがいなく往生《おうじょう》するぞと思《おも》い取《と》りて申《もう》す外《ほか》には別《べつ》の仔細候《しさいそうら》わず。ただし三心四修《さんじんししゅ》と申《もう》すことの候《そうろ》うは、皆決定《みなけつじょう》して南無阿弥陀仏《なむあみだぶつ》にて往生《おうじょう》するぞと思《おも》ううちにこもり候《そうろ》うなり。この外《ほか》に奥《おく》ふかき事《こと》

【現代語訳】

（私のいう念仏は）中国や日本の多くの学者たちが論じているような、仏さまの姿や浄土の様子を心を静めて思い浮かべるという観想の念仏でもありません。また、仏教を研究し、念仏の意味を理解してからとなえるものでもありません。ただ極楽浄土に往生《おうじょう》するためには、「南無阿弥陀仏」と声に出してとなえることでまちがいなく往生できるのだと思って念仏をとなえるほかには特別なことはありません。ただし、《三心《さんじん》》とか《四修《ししゅ》》（51頁参照）といわれるものがありますが、これらの教えは、みなかならず「南無阿弥陀仏」ととなえれば往生できると思い込むことで、自然と身についてくるものなのです。このほかにもっと奥深い方法があると考えるならば、お釈迦さまや阿弥陀さまの慈悲《じひ》の心に背き、救い

を存《ぞん》ぜば、二尊《にそん》のあわれみにはずれ、本願《ほんがん》にもれ候《そうろ》うべし。念仏《ねんぶつ》を信《しん》ぜん人《ひと》は、たとい一代《いちだい》の法《ほう》をよくよく学《がく》すとも、一文不知《いちもんふち》の愚鈍《ぐどん》の身《み》になして、尼入道《あまにゅうどう》の無智《むち》のともがらに同《おな》じうして、智者《ちしゃ》のふるまいをせずしてただ一向《いっこう》に念仏《ねんぶつ》すべし。

証《しょう》のために両手印《りょうしゅいん》をもってす。

浄土宗《じょうどしゅう》の安心起行《あんじんきぎょう》この一紙《いっし》に至極《しごく》せり。源空《げんくう》が所存《しょぞん》、この外《ほか》に全《まった》く別義《べつぎ》を存《ぞん》ぜず、滅後《めつご》の邪義《じゃぎ》をふせがんがために所存《しょぞん》をしるし畢《おわ》んぬ。

建暦二年正月二十三日《けんりゃくにねんしょうがつにじゅうさんにち》　大師在御判《だいしざいごはん》

の本願にもれてしまうでしょう。念仏を信じる人は、たとえお釈迦さまが生涯かけて説いた教えをよく学んでいたとしても、お経の一文も理解できないおろか者の立場に立ち、在家のまま髪を剃《そ》って仏門に入った女性など仏教知識の乏しい者と同じように、才知学問をひけらかすような態度をとらないで、ただひたすら念仏をとなえなさい。

以上の内容に偽りがない証《あかし》として、両手のひらを印《いん》として押します。

浄土宗の信仰心の持ち方と実践の仕方は、この一枚に記したことに尽きます。私（源空《げんくう》＝法然上人）の考えは、このほかに別の意味はまったくありません。私の死後、まちがった考えが起こることを防ぐために私の考えを記しました。

建暦《けんりゃく》二（一二一二）年一月二三日

源空の署名と花押《かおう》（サイン）

摂益文

光明遍照《こうみょうへんじょう》　十方世界《じっぽうせかい》
念仏衆生《ねんぶつしゅじょう》　摂取不捨《せっしゅふしゃ》

総回向偈

願以此功徳《がんにしくどく》　平等施一切《びょうどうせいっさい》
同発菩提心《どうほつぼだいしん》　往生安楽国《おうじょうあんらっこく》

【現代語訳】

阿弥陀仏の身から放たれる智慧や慈悲の光明は、あらゆる世界を隅々まで照らし、念仏をとなえる人々を一人残らずすべて救いとってくださいます。


【現代語訳】

この誦経《ずきょう》（お経）・念仏の功徳をすべての人と平等に分かち合い、ともに悟りを求める心を起こして、阿弥陀仏の浄土である安楽な世界に生まれたいと願います。

総願偈

衆生《しゅじょう》無辺《むへん》誓願《せいがん》度《ど》　煩悩《ぼんのう》無辺《むへん》誓願《せいがん》断《だん》
法門《ほうもん》無尽《むじん》誓願《せいがん》知《ち》　無上《むじょう》菩提《ぼだい》誓願《せいがん》証《じょう》
自他《じた》法界《ほうかい》同《どう》利益《りやく》　共生《ぐしょう》極楽《ごくらく》成仏《じょうぶつ》道《どう》

三身礼

南無《なむ》西方《さいほう》極楽《ごくらく》世界《せかい》
本願《ほんがん》成就《じょうじゅ》身《しん》阿弥陀仏《あみだぶ》

【現代語訳】
迷えるものを悟りに導きたいと願います。煩悩を断ち切りたいと願います。仏の教えを理解したいと願います。悟りを得たいと願います。みなともに極楽浄土に生まれて仏道を成就しましょう。

【現代語訳】
西方はるかかなたの安楽な世界にいらっしゃり、万民救済の本願を成就された阿弥陀さま、智慧と慈悲の光明のなかに私たちを救いとってくだ

南《な》無《む》西《さい》方《ほう》極《ごく》楽《らく》世《せ》界《かい》
光《こう》明《みょう》摂《せっ》取《しゅ》身《しん》阿《あ》弥《み》陀《だ》仏《ぶ》
南《な》無《む》西《さい》方《ほう》極《ごく》楽《らく》世《せ》界《かい》
来《らい》迎《こう》引《いん》接《じょう》身《しん》阿《あ》弥《み》陀《だ》仏《ぶ》

送仏偈

請《しょ》仏《ぶつ》随《ずい》縁《えん》還《げん》本《ぽん》国《ごく》　普《ふ》散《さん》香《こう》華《け》心《しん》送《そう》仏《ぶつ》
願《がん》仏《ぶつ》慈《じ》心《しん》遙《よう》護《ご》念《ねん》　同《どう》生《しょう》相《そう》勧《かん》尽《じん》須《しゅ》来《らい》

さる阿弥陀さま、臨終の際に迎えにきて安楽な世界へ導いてくださる阿弥陀さまを心から信じ、その教えに従います。

【現代語訳】
どうぞ仏さま、浄土へお帰りください。香をたき花をまいてお送りいたします。
仏さま、慈悲の心でお守りください。
ご先祖さま方も私たちを励ましてください。みなかならず浄土に生まれると。

第4章

浄土宗の行事としきたり

❶お寺の年中行事
❷人生の節目の行事
❸お寺とのつきあい

浄土宗のお寺の年中行事

お釈迦さまゆかりの行事、宗祖法然上人をしのぶ御忌会《ぎょきえ》や降誕会《こうたんえ》をはじめ、法然上人が師と仰がれた善導大師《ぜんどうだいし》、二祖弁長《べんちょう》、三祖良忠《りょうちゅう》、それぞれのお寺の開山上人の忌日法要など、報恩感謝の気持ちをあらわす行事が中心となります。そして、お彼岸《ひがん》、お盆など仏教各宗派に共通した行事があります。

浄土宗の行事の最大の特徴は、日時を定めて心ゆくまで念仏をとなえる別時念仏です。お十夜《じゅうや》はその代表的行事です。

こうしたお寺の行事にはなるべく参加するようにしましょう。その際には、数珠《じゅず》、経本、輪袈裟《わげさ》、布施《ふせ》などを忘れずに持参したいものです。また、その日には家庭でも仏壇の荘厳《しょうごん》を調えて、家族そろっておつとめをします。

お釈迦さまの生誕を祝う灌仏会（かんぶつえ）

四月八日、お釈迦さまはルンビニー（現ネパール）の花園で誕生直後すぐに七歩あゆみ、天と地を指さして「天上天下唯我独尊《てんじょうてんげゆいがどくそん》」（我こそ、この世でもっとも尊い救世主である）と、高らかに宣言をしました。そのとき誕生を祝福して天から甘露《かんろ》（不死の飲料）の雨がそそがれたといわれています。

それにならって仏教各寺院では、花御堂《はなみどう》にまつられた誕生《たんじょう》仏《ぶつ》に甘茶《あまちゃ》をそそいでお祝いします。「花まつり」ともいいます。

お釈迦さまの悟りをたたえる 成道会（じょうどうえ）

お釈迦さまは難行苦行を六年間もつづけましたが悟りを得ることはできませんでした。

その後、菩提樹《ぼだいじゅ》の下で坐禅をし、一二月八日に暁《あかつき》の明星《みょうじょう》を見て悟りを開きました。これを「成道《じょうどう》」といいます。この日を記念して法要を営みます。

お釈迦さまの入滅をしのぶ 涅槃会（ねはんえ）

お釈迦さまは二月一五日、インドのクシナガラの地で八〇年の生涯を閉じました。仏教各寺院では宗派を問わず、臨終の光景を描いた「涅槃図《ねはんず》」を掲げ、お釈迦さまの徳をたたえて法要を行ないます。

涅槃とは、人間としての身も心も滅し、や

すらぎの世界に入ることです。

法然上人の生誕を祝う
宗祖降誕会（しゅうそこうたんえ）

法然上人は一一三三年四月七日、美作国《みまさかのくに》久《く》米《め》南条稲岡庄《なんじょういなおかのしょう》（岡山県久米南町）に、地方監督官の子として生まれました。両親は天台宗の古刹岩間観音《こさついわまかんのん》（美咲町の本山寺《ほんざんじ》）に参籠《さんろう》祈願し、ようやく子宝を授かったことから、観《かん》音菩薩《のんぼさつ》とともに阿弥陀仏《あみだぶつ》の脇侍《わきじ》である勢至菩《せいしぼ》薩《さつ》の申し子として勢至丸《せいしまる》と名付けました。

浄土宗各寺院では、法然上人の御影《みえい》をまつり、誕生のときに天から白旗《しらはた》が降ってきたという故事にちなみ、白旗を二本立てます。

法然上人の遺徳をしのぶ
御忌会（ぎょきえ）

御忌会は、宗祖法然上人の八〇年の生涯をしのび、その恩に感謝する法要です。

法然上人は一二一二年一月二五日に京都東《ひがし》山《やま》（総本山知恩院《ちおんいん》の地）で亡くなりました。「御忌《ぎょき》」という言葉はもともと天皇や皇后などの忌日の敬称ですが、一五二四年に後柏原《ごかしわばら》天皇から「浄土宗開宗の道場であり、宗祖入滅の地である知恩院で毎年七日間、御忌をつとめよ」との詔勅が出されたことから、知恩院で毎年一月に御忌大会《ぎょきだいえ》がつとめられ、法然上人の忌日法要をとくに「御忌」と呼ぶようになりました。以来、知恩院は御忌詣《ぎょきもうで》の参詣者でにぎわってきました。そこで明治時代に参詣者の便を考えて気候のよい四月一八日～二五日に変更され、今日に至っています。また、法要の中心となる唱導師は全国から選ばれ、盛大に行なわれます。

法然上人を宗祖とする浄土宗各派の本山や一般寺院も知恩院にならって四月や五月に行なうところが多くなっています。

家庭でも報恩感謝の気持ちで念仏をとなえ、遺訓の『一枚起請文《いちまいきしょうもん》』（66頁参照）を声高らかに拝読したいものです。

専修念仏の教えを説いた
善導忌（ぜんどうき）

三月一四日の善導大師の忌日法要です。

唐《とう》の善導大師は、法然上人が浄土宗を開くきっかけとなった『観経疏《かんぎょうしょ》』の著者で、中国浄土教を大成し、六八一年に六九歳で往生《おうじょう》しました。浄土宗では善導大師を「高祖《こうそ》」、法然上人を「宗祖（元祖《がんそ》）」と呼んでいます。

浄土宗第二祖
鎮西忌（ちんぜいき）

二月二九日の鎮西国師《ちんぜいこくし》（聖光房弁長《しょうこうぼうべんちょう》）の忌日法要です。鎮西とは九州のこと。弁長は郷里の鎮西に善導寺《ぜんどうじ》（23頁参照）を開き、一二三八年に七七歳で往生しました。

浄土宗第三祖
記主忌（きしゅき）

七月六日の記主禅師《きしゅぜんじ》（然阿良忠《ねんなりょうちゅう》）の忌日法要です。良忠は弁長の弟子。鎌倉に光明寺《こうみょうじ》（23頁参照）を開き、一二八七年に八九歳で往生しました。

浄土宗を代表する行事
お十夜（おじゅうや）

鎌倉の光明寺で一〇月一二日〜一五日に行なわれているお十夜法要がはじまりです。

正式には「十日十夜《とおかじゅうや》法要」といい、「この世で一〇日一〇夜、善を積むことは、仏の国での一〇〇〇年の善《よ》い行ないに勝《まさ》る」と『無《む》量寿経《りょうじゅきょう》』に説かれている教えを実践するものです。

足利義教《あしかがよしのり》に仕える平貞国《たいらのさだくに》という貴族が京都

の真如堂《しんにょどう》（真正極楽寺《しんしょうごくらくじ》、天台宗）で行なった一〇日一〇夜の不断念仏を、一四九五年に光明寺中興の祖といわれる祐崇《ゆうそう》が宮中で行ない、後土御門《ごつちみかど》天皇の許しを得て、戦乱の世に苦しむ人々のために鎌倉で修するようになりました。その後、阿弥陀仏への報恩と秋の収穫に感謝する意味も加わり、秋に三日または一日の別時念仏会《べつじねんぶつえ》として全国の浄土宗寺院にひろまりました。

不断念仏はもともと、天台宗総本山比叡山《ひえいざん》の常行堂《じょうぎょうどう》で行なわれていた、九〇日間阿弥陀仏像のまわりを歩きながら念仏をとなえ、心に阿弥陀仏を念ずる「常行三昧《じょうぎょうざんまい》」という修行法でした。五〇〇年以上つづく光明寺のお十夜は、念仏に節をつけてとなえる天台宗の引《いん》声念仏《ぜいねんぶつ》・引声阿弥陀経《いんぜいあみだきょう》を色濃く残しています。

懺悔滅罪の行事
仏名会（ぶつみょうえ）

一年の終わりの一二月中に三日ないし一日、日を決め、過去・現在・未来の三世《さんぜ》の諸仏の名をとなえて、罪深い自分自身を懺悔《さんげ》する法要です。阿弥陀仏の名だけを数多くとなえるお寺もあります。

浄土八祖のひとり、菩提流支《ぼだいるし》が翻訳した『仏名経《ぶつみょうきょう》』には一万三〇〇〇の諸仏の名が列記され、「ここにある名を読み上げれば、諸罪が消え、将来、悟りが得られる」と説かれています。

一二月二日～四日の総本山知恩院の仏名会では三千仏画像を掲げ、『三千仏名経《さんぜんぶつみょうきょう》』を読んで普通納骨霊位に供養します。

煩悩の垢を拭う行事
御身拭式（おみぬぐいしき）

総本山知恩院では毎年一二月二五日、大勢の僧侶《そうりょ》と参詣者が大殿《だいでん》にあふれ、念仏が唱和されるなか、御影堂《みえいどう》に安置されている法然上人像を門主手ずから「覆子《ぶくす》」と呼ばれる紙製のマスクを着用し、香染めの羽二重《はぶたえ》の布でお拭《ぬぐ》いします。

もとは嵯峨《さが》の清凉寺《せいりょうじ》（28頁参照）で毎年四月一九日に行なわれている本尊釈迦如来像のほこりをお拭いする儀式にならったもので、浄土宗の他の大本山でも行なわれています。

御身拭式は、仏像のほこりとともに、私たちの心に知らず知らずのうちに積もった煩悩《ぼんのう》の垢《あか》を拭い、新年を迎えるための行事といえます。

一年の幸せを祈願する行事
修正会（しゅしょうえ）

仏教各寺院では、大晦日《おおみそか》の夜に除夜《じょや》の鐘《かね》をついて煩悩を除き、年頭に思いを新たにして、正しきを修めるという意味で法要が行なわれます。とくに浄土宗では、社会の平和と人々の幸福を願って「天下和順《てんげわじゅん》」にはじまる『無《む》量寿経《りょうじゅきょう》』の一節が読まれます。

春と秋の仏教週間
彼岸会（ひがんえ）

年二回、春分の日と秋分の日を中日《ちゅうにち》とするそれぞれ七日間を「お彼岸」といいます。

彼岸とは「到彼岸《とうひがん》」の略で、「迷いの世界（此岸《しがん》）から悟りの世界（浄土）へ到《いた》る」という意味です。

阿弥陀仏の極楽浄土は、西方《さいほう》に一〇万億もの仏さまの世界（浄土）を過ぎたところにあると『阿弥陀経《あみだきょう》』に書かれています。

善導大師は、お彼岸の中日に真西に沈む太陽をながめて極楽浄土に思いをこらすよう説きました。これは『観無量寿経《かんむりょうじゅきょう》』にある「日《にっ》想観《そうかん》」という修行法です。お彼岸はお墓参りにもよい季節ですが、まず自分自身を反省し、念仏の教えを実践する仏教週間なのです。

先祖の恩に報いる行事

盂蘭盆会（うらぼんえ）

七月または八月の「お盆」のこと。お釈迦さまの弟子の目連《もくれん》が餓鬼道《がきどう》に堕《お》ちた母親を救うため、仏弟子たちに飲食《おんじき》を供養したという『盂蘭盆経《うらぼんきょう》』に由来しています。

お盆には、精霊棚《しょうりょうだな》（盆棚）をつくって先祖の位牌《いはい》をまつり、供物で飾って霊供膳《れいくぜん》（48頁参照）をそなえます。先祖の霊を乗せるためにナスやキュウリで牛や馬をつくり、道に迷わないように迎え火や送り火をたく風習があります。精霊流しを行なう地域もあります。

また、「棚経」といって菩提寺《ぼだいじ》の僧侶が檀家《だんか》をまわって読経します。その際には、家族も一緒におつとめするようにしましょう。

慈悲の心を養う行事

施餓鬼会（せがきえ）

お盆の行事の一環として、または随時、無縁の精霊を供養する施餓鬼会が行なわれます。これは、お釈迦さまの弟子の阿難《あなん》が餓鬼道に堕ちるところを救われたという『救抜焔口餓鬼陀羅尼経《くばつえんくがきだらにきょう》』に由来しています。

あわせて自身に巣くう餓鬼の心を反省し、自他ともに救われる功徳を積むよい機会です。

人生の節目と仏縁

仏教とは何かをひと言でいえば、「不条理なこの世の中を人々が幸せに生きるための教え」です。それを法然上人は、念仏をとなえて生きる道に見つけました。

人生にはさまざまな通過儀礼があります。たとえば、子供の誕生を喜び、親の死に悲しむ、あるいは成人式や結婚式、長寿のお祝い……。お寺は、うれしいにつけ悲しいにつけ本尊や先祖に報告を聞いてもらうところでもあるのです。

子供は授かり物 妊娠したら

子供を宿したならば夫婦で菩提寺《ぼだいじ》に行き、子供に代わって三帰戒《さんきかい》を授かり、十念《じゅうねん》を受けるのが浄土宗のならわしです。

「申し子」「お授かり」「お宿り」といった言葉は、私たちの力がおよばないものによって子供を授かったことを意味しています。こうした自覚を持って阿弥陀仏の前で戒を受けることで、はじめて親となる不安が消え、安心が得られます。両親の精神の安定こそが胎教の準備といえます。

子供の誕生を仏前に報告する
命名式・初寺参り

子供が生まれ、名前が決まったら半紙に「命名○○」と書いて仏前にそなえます。菩提寺の住職に命名していただくのもよいでしょう。

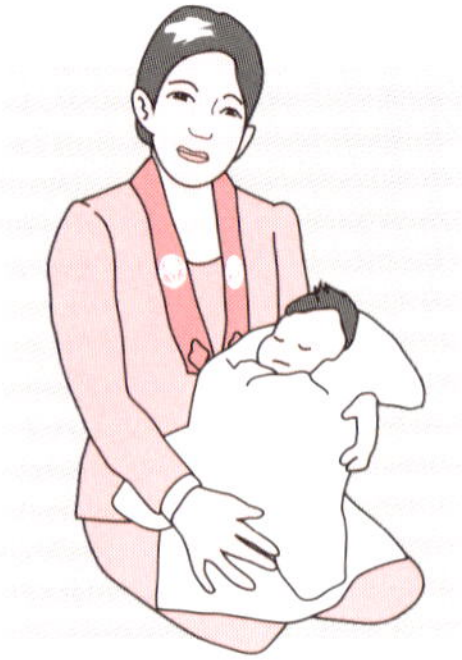

初寺参《はつてらまい》りは、生後一カ月から一〇〇日目くらいまでに子供を連れてはじめてお寺にお参りすることです。

子供の成長を祝う
七五三・お稚児さん

七五三《しちごさん》は、かつて幼児の死亡率が高かったことから子供の成長の節目のお祝いとして江戸時代にはじまりました。着飾って氏神さまなどに参拝しますが、明治時代に神仏分離令が発令されるまではお寺のなかに神社があることも珍しいことではありませんでした。七五三をはじめ、誕生日や入学・卒業にも家族そろって仏前に報告するのもよいことです。

また浄土宗のお寺では、法要の際に子供たちが着飾って行なう稚児行列がよく見られます。お稚児さんには、仏さまに守られてやさしく賢くよい子に育つように、という願いがこめられています。乳児から小学生まで参加できますので、気軽に参加してみましょう。

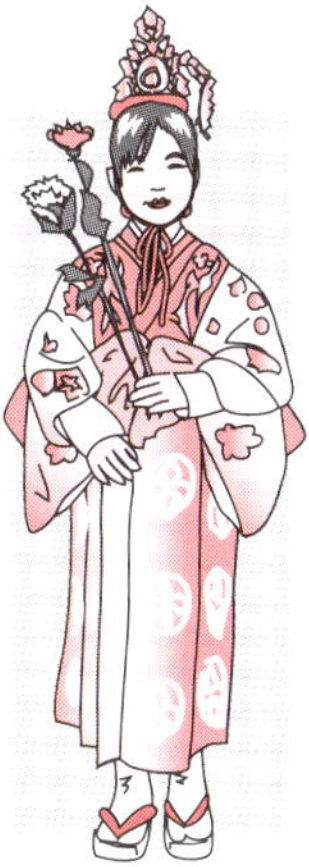

人生の区切りに決意を誓う 成人式・就職

二〇歳になると、一人前の大人として認められます。受戒《じゅかい》の資格が認められることでもあります。あるいは就職を機会に、これからの人生を念仏をよりどころとして生きることを誓うのはとてもよいことです。

人生の門出にふさわしい 仏前結婚式

結婚式の形式は、神式、キリスト教式、人前式などいろいろありますが、阿弥陀仏の仏前で挙式するのもよいものです。

仏前結婚式では仏典にあやかり、「行華《あんげ》」といって、新婦が持っている七本の花のうち五本を新郎に渡し、ともに仏前にそなえて結婚の証《あかし》とします。そして仏《ぶつ》・法《ぽう》・僧《そう》の三宝《さんぽう》に帰依《きえ》し、寿珠《じゅず》（数珠）が授与されます。

家の新築・改築の際の地鎮式・落慶式

地鎮式は、家を建てる際に土地の神をまつって工事中の安全無事を祈る儀式です。神主によって地鎮祭が行なわれることが多いですが、僧侶にお願いすることもできます。

仏教でも寺院建立に先立って地鎮式が行なわれます。そして堂塔が完成したときに、仏徳に感謝して落慶式が営まれます。

なぜなら平安時代以前から、神は仏が世の人々を救うために姿を変えてこの世に現れたもので神仏同体であると考えられてきたからです。これを「本地《ほんじ》垂迹説《すいじゃくせつ》」といいます。

明治時代の神仏分離令により神式で行なうものと思われていますが、地鎮式・落慶式を仏式で行なってもかまわないのです。

家族そろって感謝の念仏長寿の祝い

結婚二五年目の銀婚式、五〇年目の金婚式、また、六〇歳の還暦、七〇歳の古稀《こき》、七七歳の喜寿《きじゅ》、八〇歳の傘寿《さんじゅ》、八一歳の半寿《はんじゅ》、八八歳の米寿《べいじゅ》、九〇歳の卒寿《そつじゅ》、九九歳の白寿《はくじゅ》……、長寿に感謝して家族一同で念仏をとなえられたら素晴らしいことです。

菩提寺を新たに探すときの心得

死者の冥福《めいふく》を祈ることを「菩提を弔う」といいますが、菩提寺というのは、それだけでなく、自分を完成させていくための道場でもあります。浄土宗のお寺を菩提寺に持つということは、念仏を心のよりどころとして、生きがいのある生活をすることです。

引っ越しなどにより、近くに菩提寺を持ちたい場合、郷里に菩提寺があれば、紹介していただくのがいちばんです。急に死者が出たからといって菩提寺以外で葬儀をしてしまったりすると、同じ宗派であっても二重に布施を納めることになったりトラブルのもとです。菩提寺を変えるときは、話し合いのうえで、きちんと檀信徒名簿の移動をします。

浄土宗の檀信徒となる帰敬式（ききょうしき）

帰敬式は「入信式」ともいい、浄土宗の正式な檀信徒となる儀式です。

菩提寺の仏前で住職から阿弥陀仏や念仏の教えを受けて、その教えを守る誓いをたて、住職と一緒に合掌礼拝《らいはい》し、十念をとなえて帰敬式は終わります。その後、檀信徒名簿に名前が記載されて、そのお寺の檀家となるわけです。帰敬式を受けなくても信徒になることはできますが、檀信徒の心得やおつとめの作法などが学べます。

　また記念品として、数珠や輪袈裟などが授与されます。これらは、檀信徒の自覚を持って、お寺での行事の際には和服であれ洋服であれ、かならず身につけたいものです。

仏教徒としての戒を授かる
授戒会（じゅかいえ）

　授戒会の日程は、総大本山では七日、一般寺院では五日、三日、一日などいろいろです。

　三日以上の場合は最終日前日まで、浄土宗における戒の意味や生活の仕方を指導していただき、最終日に懺悔会《さんげえ》で戒に無関心だった過去を反省したあと、戒を授かります。

　また浄土宗の授戒会は、自分が決めた数の念仏を毎日となえる日課念仏を約束する場でもあります。浄土宗の教えは念仏を正行《しょうぎょう》としており、戒を保つための基本が日課念仏であると考えるからです。

　その後、戒名《かいみょう》を記した戒牒《かいちょう》をいただいて授戒会は終了となります。

　授戒会は宗門や各お寺からの募集により受け付けていますので、希望する方は菩提寺に相談し、応募するとよいでしょう。

●浄土宗の戒（円頓戒《えんどんかい》）

三帰戒《さんきかい》	三聚浄戒《さんじゅじょうかい》
仏《ぶつ》・法《ぼう》・僧《そう》の三宝《さんぼう》に帰依《きえ》する	摂律儀戒《しょうりつぎかい》（いっさいの悪い行ないをしない） 摂善法戒《しょうぜんぼうかい》（自らすすんで善い行ないをする） 摂衆生戒《しょうしゅじょうかい》（人々に教えを伝え、利益を施す）

浄土宗の奥義を授かる 五重相伝（ごじゅうそうでん）

浄土宗の真髄である専修念仏《せんじゅねんぶつ》の教えを五つの書物によって段階的に伝えることから「五重相伝」といいます。室町時代に七祖聖冏《しょうげい》（38頁参照）によってはじめられました。

五つの書物とは、宗祖法然上人の著書『往生記《おうじょうき》』、二祖弁長の著書『末代念仏授手印《まつだいねんぶつじゅしゅいん》』、三祖良忠の著書『領解末代念仏授手印鈔《りょうげまつだいねんぶつじゅしゅいんしょう》』と『決答授手印疑問鈔《けっとうじゅしゅいんぎもんしょう》』、中国に浄土教をひろめた曇鸞大師《どんらんだいし》の著書『往生論註《おうじょうろんちゅう》』（『浄土論註』）で、最後に十念の正しいとなえ方が口伝されます。

期間は五日〜八日間で、総大本山では定期的に行なわれていますが、一般寺院でも住職一代に一度は営む儀式とされています。修了者には戒名に誉号《よごう》（99頁参照）が授けられます。

授戒会を受けた檀信徒は、五重相伝にも参加したいものです。なお、故人に代わって受ける「贈五重《おくりごじゅう》」の制度もあります。

お寺の講座や催しに参加しよう

浄土宗のお寺では、子供たちのための日曜学校やボーイスカウト、大人向けには写経や写仏、詠唱などの講座が行なわれています。

写経・写仏は供養のために経文《きょうもん》や仏画を書写するもので誰にでもできます。

また、詠唱というのは、さまざまな法要の際に鈴《れい》や鉦《しょう》を用いて仏さまや祖師の徳をたたえる和歌や和讃に曲をつけて歌うものです。仏教各宗派で行なわれており、浄土宗では「吉水講詠唱《よしみずこうえいしょう》」と呼ばれています。

こうした会をきっかけに仏教の教えに親しむのもよいものです。

布施は僧侶への報酬ではない

お寺の行事に参加するときは布施を持参します。布施には、教えを説く「法施《ほっせ》」、金品を施す「財施《ざいせ》」、畏怖《いふ》を取り去る「無畏施《むいせ》」があります。つまり、阿弥陀仏への報謝の気持ちとして、自分ができることをさせていただくことです。ですから、金封の表書きは「御経料」「回向料《えこうりょう》」「御礼」ではなく、「御布施」「志」などとします。

第5章

浄土宗のお葬式

❶葬儀の意義
❷臨終から納棺
❸通夜・葬儀
❹火葬から還骨回向・精進落とし

浄土宗の葬儀は死出の旅立ち

愛する家族を亡くすのはとてもつらいことです。お釈迦さまは、これを「愛別離苦《あいべつりく》」といって、人生において避けては通れない苦しみのひとつであると教えています。

遺《のこ》された人は、亡き人に対して、こうしてあげればよかった、もっと何かできたのではないかと後悔することもあるでしょう。

しかし、人間は悲しみに涙したとき、はじめて真実が見えてくるものです。

お釈迦さまは、「すべてのものは絶えず変化し（諸行無常《しょぎょうむじょう》）、何ひとつ独立して存在するものはない（諸法無我《しょほうむが》）。その現実をしっかり見つめ、正しい生き方をすれば、やすらかな気持ちになれる（涅槃寂静《ねはんじゃくじょう》）」と説いています。遺された人が嘆《なげ》き悲しんでばかりいれば、亡き人も悲しいはずです。それに気づいて、人生の無常を自覚し、自分の残された人生を悔いなく生きることが亡き人の願いなのです。

浄土宗では、死者はこの世から極楽浄土に旅立っていくと考えます。そこで、死者に死《し》に装束《しょうぞく》（95頁参照）をつけるようになりました。

浄土宗の葬儀は、亡き人との別れを惜しみ、冥福《めいふく》（死後の幸せ）を祈る厳粛な儀式です。

さらに、阿弥陀仏の本願を信じて念仏をとなえ、「倶会一処《くえいっしょ》」——極楽浄土でふたたび故人と会える喜びをもって、おつとめするのが浄土宗の葬儀といえます。

浄土宗の葬儀では、住職が橋渡し役（導師）となって故人を極楽浄土へ導くための下炬引《あこいん》導《どう》が中心になります。下炬とはもともと、松《たい》明《まつ》に火をつけて荼毘《だび》に付すことをいい、冥界《めいかい》の闇路《やみじ》を照らす光を意味しています。

いま生きている私たちもかならず死を迎える定めにあります。したがって、浄土宗で葬儀を行なうということは、故人の冥福を祈るとともに、私たちが念仏の教えをよりどころとしていく出発点でもあるわけです。

葬儀と告別式は異なる

一般に、故人との最後のお別れの儀式を「葬儀告別式」と呼んでいますが、葬儀と告別式は意味がちがうものです。

葬儀は近親者による宗教儀礼です。いっぽう告別式は、友人や知人、会社関係など社会的な必要から葬儀のなかに取り入れられて行なわれるようになりました。

最近では、葬儀は近親者だけで行ない、後日一般の方を招いて宗教色抜きの「お別れの会」を開くというやり方も増えています。

まず、お寺に連絡そのあとで葬儀社へ

現在は病院で亡くなることがほとんどです。医師から臨終を宣告されたら、近親者と、故人ととくに親しかった人に連絡します。

法然上人が説く阿弥陀仏は抜苦与楽の仏さまです。できれば菩提寺《ぼだいじ》の住職にも来ていただき、家族ともども静かに念仏をとなえながら最期のときを迎えたいものです。また「末期《まつご》の水」といって、口に水をふくませます。

死亡が告げられたら、家族は菩提寺の住職にすぐに連絡し、枕経、通夜・葬儀のお願いをします。葬儀社にはそのあとで連絡します。

この順番をまちがうと、トラブルになることがあります。菩提寺が遠い場合でも住職が来てくださる場合もありますし、もしくは近くのお寺を探してくださいます。お寺とのつきあいがないときは、年長の親族に宗派を確かめて、本山や宗務所から近くのお寺を紹介していただきます。

また、葬儀社が決まっていない場合には、病院が出入りの葬儀社を紹介してくれますので、遺体をいったん自宅に運んでもらい、その後、葬儀社を変更することもできます。

通夜・葬儀の日程が決まったら、知らせるべきところに連絡します。

臨終行儀と法然上人の教え

985年に恵心僧都源信《えしんそうずげんしん》が著した『往生要集《おうじょうようしゅう》』に臨終行儀が説かれている。それは、臨終を迎える人の枕頭に屏風《びょうぶ》仕立ての阿弥陀仏をまつり、その阿弥陀仏の手と結んだ五色の糸を握らせて、善知識（仏法に導く人）が一緒に念仏を静かにとなえて、最期のときを待つというものである。

末法《まっぽう》思想がいわれた平安末期から江戸時代にかけて、こうした臨終行儀が盛んに行なわれた。それは、心に迷いのない境地（正念《しょうねん》）に入れば、阿弥陀仏が諸仏とともに来迎《らいこう》してくださるというものだった。

これに対し、法然上人は「人の死は思うようにはならない。たとえ、どのような状況で死を迎えたとしても、日ごろから念仏をとなえ極楽往生を願っている人であれば、命が終わるとき阿弥陀仏は来迎してくださる」と説いた。そして「平生に念仏をとなえ、その教えを信じている者は臨終行儀をする必要はない」として自身は臨終行儀を行なわなかったと伝えられている。

大切なのはふだんの生活のなかで念仏をとなえることであり、臨終時に阿弥陀仏が来迎されるのは人々を正念に至らせるためだというわけである。

臨終仏として作られた「山越弥陀来迎図《やまごしみだらいこうず》」

●枕飾り

❶ろうそく　❷浄水　❸一膳飯　❹一本樒《しきみ》または花
❺リン　❻一本線香　❼線香立て　❽枕団子
❾守り刀

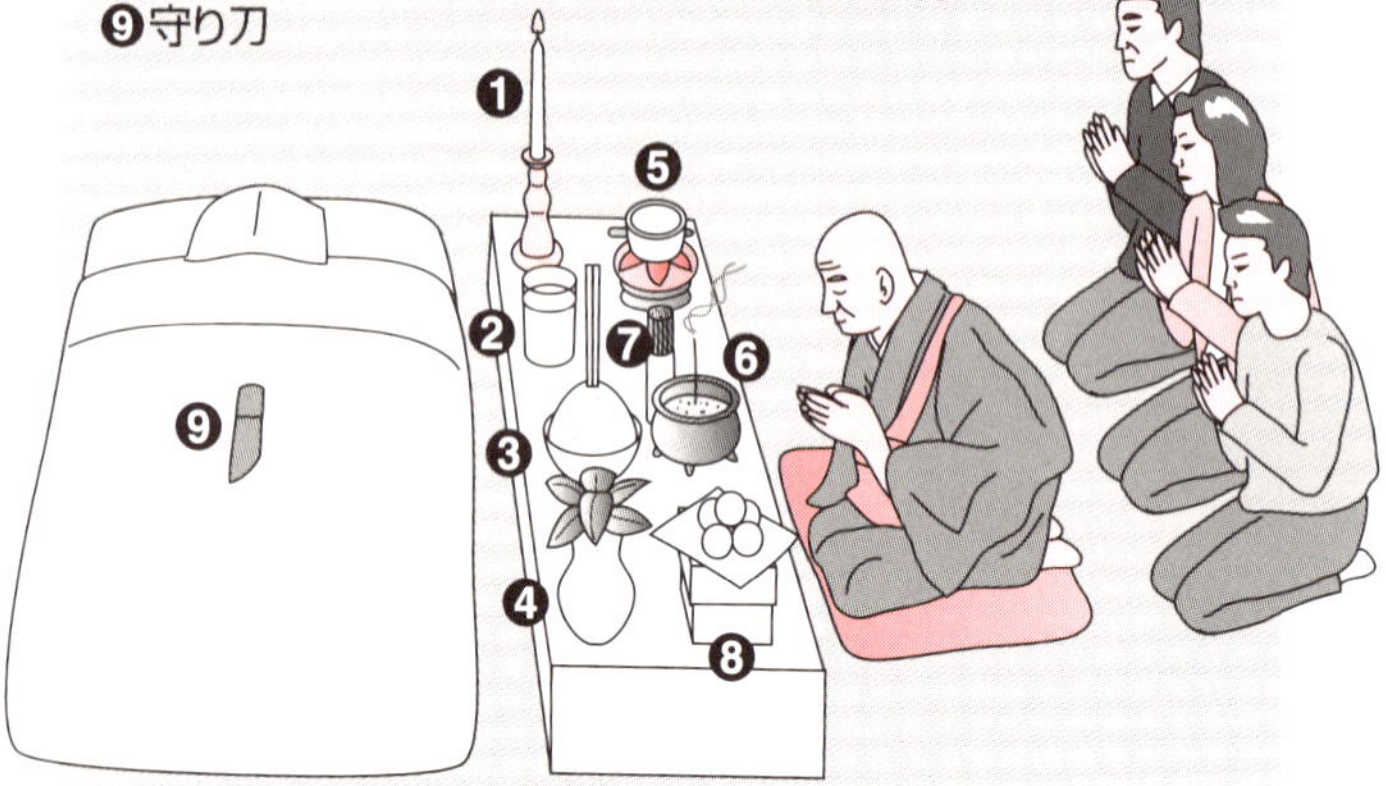

*布団カバーやシーツは白いものにする
*逆さ屏風や逆さ布団などの風習が残っている地域もある

遺体の安置と枕飾り

遺体は仏間か座敷に安置します。

このとき、できれば頭を北にします。これは「北枕《きたまくら》」といって、お釈迦さまが入滅するとき、頭を北にし、顔を西に向けて横たわったという故事にちなんでいます。

遺体の両手を胸の上で組み合わせて数珠《じゅず》を持たせ、薄手の掛け布団をかけます。そして顔を白い布でおおいます。

神棚があれば、死のけがれを忌《い》む意味で、四十九日《しじゅうくにち》の満中陰《まんちゅういん》（112頁参照）まで白紙を貼ります。同様に、仏壇の扉も閉じておく地域もありますが、仏壇は本尊をおまつりしているので開けておくのが本来です。

故人の枕頭に阿弥陀仏（来迎仏《らいこうぶつ》または名号《みょうごう》）の掛軸をかけ、枕元に枕飾りを調えて、住職に枕経をあげていただきます。また、故人が生前に戒名《かいみょう》をいただいてなければ、授戒・剃《てい》度式《どしき》を受け、戒名をいただきます。しかし最近は、枕経や授戒・剃度式を通夜と一緒に行なうことが多いようです。

枕経には、善導大師《ぜんどうだいし》の著作『往生礼讃《おうじょうらいさん》』のなかの日没礼讃《にちもつらいさん》の末尾の一節である『発願文《ほつがんもん》』などが読まれます。遺族は地味な服装で住職の後ろにすわり、おつとめします。

湯灌を行ない死装束をつける

枕経のあとは納棺式に移り、湯灌《ゆかん》を行ない、棺《ひつぎ》に納めます。

湯灌とは、遺体を湯で拭《ふ》いて清めることです。男性なら髭《ひげ》をそり、女性なら薄化粧をします。そして、経帷子《きょうかたびら》を左前に着せ、手甲《てっこう》、脚絆《きゃはん》、わらじといった「死装束《しにしょうぞく》」をつけます。

死装束には死出の旅立ちの意味があり、六《ろく》文銭《もんせん》が入った頭陀袋《ずだぶくろ》を持たせるのは、三途《さんず》の川の渡し賃であるといわれています。

このときはまだ釘《くぎ》を打たずに蓋《ふた》をして、棺

の上に棺掛《かんがけ》（正式には七条袈裟《しちじょうげさ》）をかけて祭壇に安置します。そして、『納棺偈《のうかんげ》』がとなえられます。

●死装束

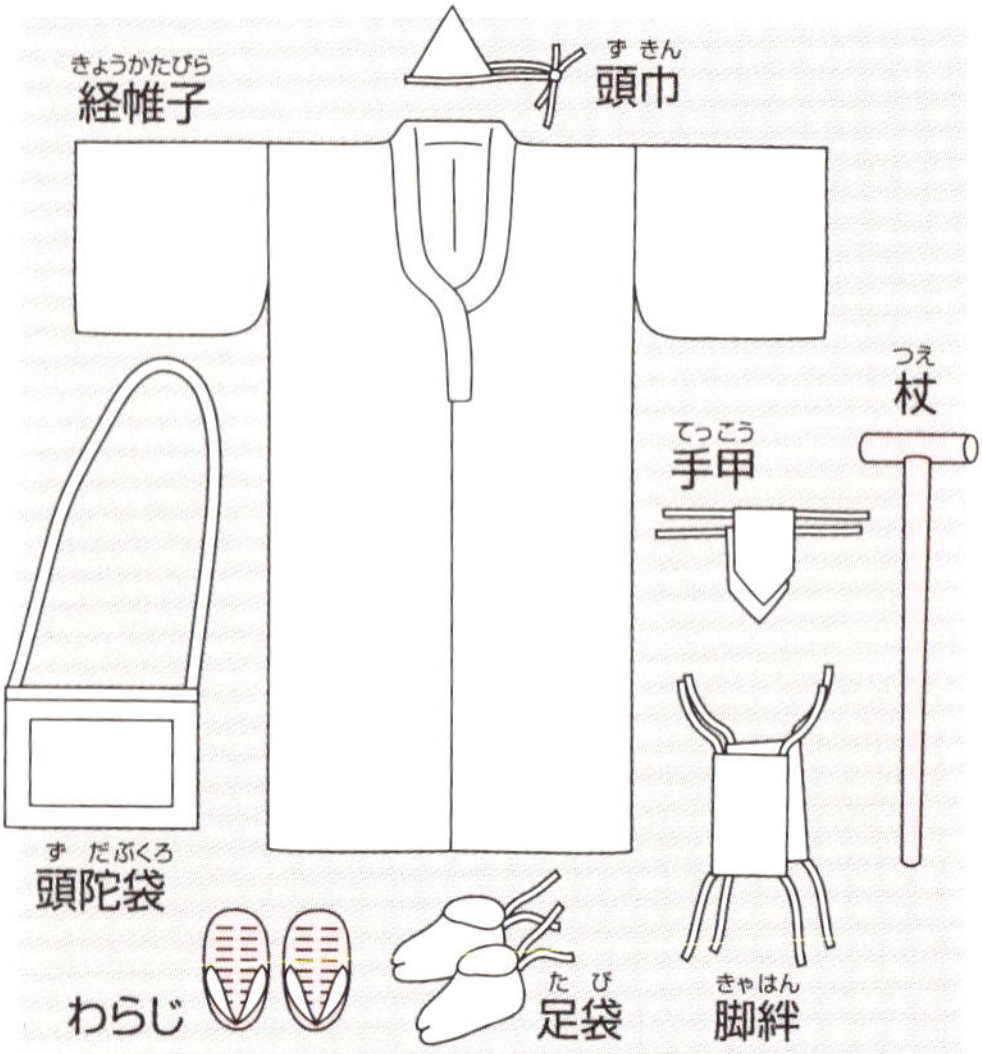

祭壇の荘厳を調え、白木の位牌をまつる

最近では、通夜・葬儀を葬儀場で行なうケースが増えています。

葬儀社に頼めば、祭壇などすべて用意してくれますが、浄土宗の作法とちがう場合もあるので住職に見てもらい、ちがっているところは正します。喪主は、弔問者からの供花《きょうか》を故人との関係や役職を考慮して飾ります。

また、住職が通夜までに戒名を白木《しらき》の位牌《いはい》に書いてきてくださるので祭壇におまつりします。

いまは半通夜が主流

「遺族や親族、故人と縁のあった人たちが集まって葬儀まで静かに遺体に付き添う」というのが、通夜の本来の意味です。

灯明《とうみょう》や線香を絶やさないように寝ずの番をする「夜とぎ」の風習が残っている地域もありますが、最近では夜六時ごろから二、三時間で終わる「半通夜」が主流になっています。

それは、葬儀に参列できない人が通夜に参列するようになったことと、遺族も翌日の葬儀にそなえて休むようになったためです。

授戒・剃度式の意味

生前に戒名をいただいていない故人に、通夜や葬儀のなかで授戒・剃度式《ていどしき》が行なわれるようになったのは、江戸時代に檀家《だんか》制度が確立してからです。

授戒・剃度式とは、導師が仏前で授戒作法を行ない、故人に仏弟子としての名前である戒名を授ける儀式です。

授戒作法とは、懺悔《さんげ》、剃度作法（剃髪《ていはつ》を模した儀式）、三帰三竟《さんきさんきょう》のあと、戒名の授与となります。

●通夜の進行例

1	弔問客の受付	式の30分前から受付をはじめる
2	導師（僧侶）をお迎えに行く	祭壇の荘厳を確認していただき、控室に案内する。帰りもお送りする
3	参列者一同着席	喪主や遺族、親族は、弔問客よりも先に着席しておく
4	導師（僧侶）入場	一同、黙礼で導師を迎える
5	授戒・剃度式	故人が生前に戒名をいただいていないときに行なう
6	読経・焼香	導師の焼香後、喪主、遺族、親族、弔問客の順に焼香を行なう
7	通夜説教	導師が故人の徳や人の生と死の意味などを説く
8	導師（僧侶）退場	一同、黙礼で導師を見送る
9	喪主のあいさつ	喪主に代わって、親族の代表があいさつすることもある
10	通夜ぶるまい	導師が辞退されたときは、折詰をお寺に持参するか、「御膳料」を包む。弔問客は長居をせずに係から会葬御礼を受け取って帰る

戒名は仏弟子の証

戒名は本来、生前に仏教の教えを指針として生きていこうと思い立ったときに授戒会《じゅかいえ》や五重相伝《ごじゅうそうでん》（86・87頁参照）を受けていただくものですが、昨今は亡くなってからいただくことが多くなりました。

浄土宗の戒名は、院号《いんごう》・誉号《よごう》・法号《ほうごう》・道号《どうごう》・位号《いごう》で構成されています。

戒名の上の「新帰元《しんきげん》」の文字は、新たに発《ほっ》心《しん》して仏道に入る者（新発意《しんぼち》という）を意味し、白木の位牌のときだけ書かれます。また、「新蓮生《しんれんしょう》」と書くこともあります。

誉号が浄土宗の特徴で、生前に五重相伝を受けた篤信の檀信徒に与えられるものです。

法号が本来の戒名で、道号は徳を積んだ僧に与えられる称号でしたが、今日では一般の檀信徒にもつけられるようになりました。道号と法号は対句でまとめられ、俗名《ぞくみょう》の一字を入れることもあります。そして「信士《しんじ》」「信《しん》女《にょ》」が一般の檀信徒の位号です。

篤信の念仏者には「禅定門《ぜんじょうもん》」「禅定尼《ぜんじょうに》」「居《こ》士《じ》」「大姉《だいし》」がつけられます。

なお、一五歳未満の位号は「童子《どうじ》」「童女《どうにょ》」、乳児や幼児は「嬰児《えいじ》」「嬰女《えいにょ》」「孩児《がいじ》」「孩女《がいにょ》」、死産の胎児は「水子《すいし》」となり、法号のみで道号はつきません。
院号は社会や宗門に貢献した檀信徒に冠されます。

●浄土宗の戒名

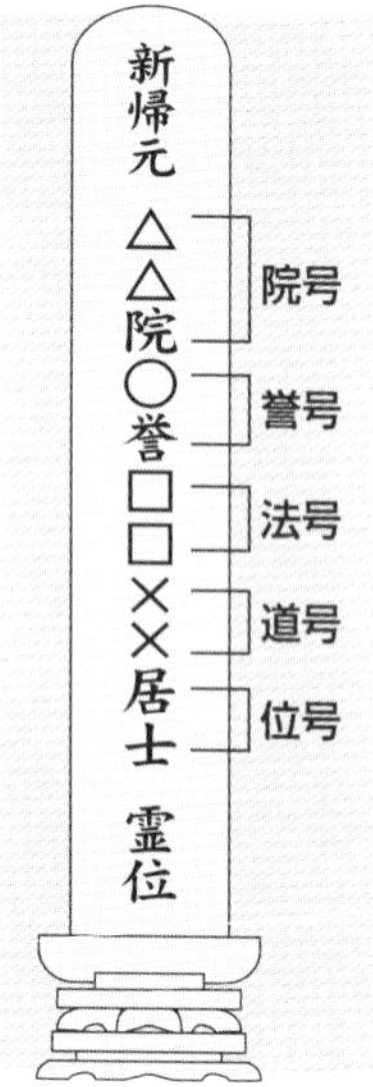

浄土宗の葬儀は下炬引導が中心

故人を浄土へ導くことを「引導を渡す」といい、他宗の葬儀でも行なわれます。浄土宗の葬儀では前述のとおり、「下炬《あこ》」と呼ばれる引導儀式が中心となります。

下炬とは、松明に火をつけて荼毘に付すことで、二本の松明を穢土《えど》（この世）と浄土（あの世）に見立て、「厭離穢土欣求浄土《おんりえどごんぐじょうど》」（この世を離れて浄土を求める）の意味で穢土のほうの松明を捨て、もういっぽうの松明を振って、故人の極楽往生を祈ります。

焼香は一回から三回

仏さまは香煙に乗じて来迎されます。香をたくことは仏さまへの供養であり、同時に自

●焼香の作法

①数珠を左手に持って進み、遺族は弔問席に（弔問客は遺族席に）一礼、そして導師に一礼したのち、本尊に合掌礼拝する

▼

②香を右手でつまんで左手をそえ、額にささげてから香炉に入れる
（2回、3回行なう場合は同様に）

▼

③本尊に合掌礼拝したのち導師に一礼、遺族は弔問席に（弔問客は遺族席に）一礼し、自分の席にもどる

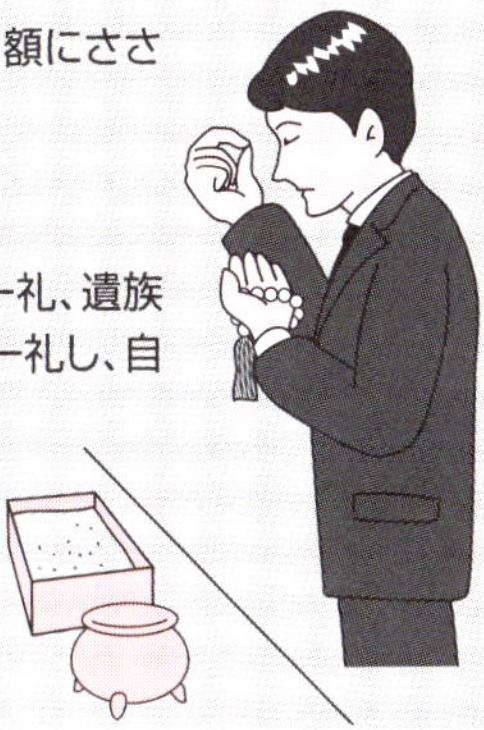

＊式場がせまいときは「回し焼香」といって、香炉を順に送って自分の席で焼香する

身の身心を清め、その場も清めることです。

浄土宗では、焼香の回数にこだわりません。一心不乱の意味で一回、あるいは戒香《かいこう》と定香《じょうこう》をたく意味で二回、仏《ぶっ》・法《ぽう》・僧《そう》の三宝《さんぼう》に供養する、あるいは三毒といわれる煩悩《ぼんのう》（むさぼり・いかり・おろかさ）を焼き尽くす意味で三回、状況や自分の気持ちに合わせて行ないます。線香の場合も同様です。

読経中は静かに仏法に耳を傾ける

導師の焼香につづいて、喪主、遺族、親族、弔問客の焼香となります。そのあいだ、導師

⑫	導師読経	『総願偈』『三身礼』『送仏偈』などをとなえ、仏さまを送る
⑬	導師（僧侶）退場	椅子席の場合は起立して、座敷の場合は正座で軽く頭を下げて僧侶を送る
⑭	閉式の辞	
⑮	最後の対面	近親者と、故人ととくに親しかった人たちが故人と最後のお別れをする
⑯	出棺・喪主のあいさつ	喪主に代わって、親族の代表があいさつすることもある。一般の会葬者は合掌して出棺を見送り、係から会葬御礼を受け取って帰る

の読経《どきょう》がつづいていますが、しばしば、焼香を終えた遺族の方たちが入口の近くに行って、弔問客一人ひとりに頭を下げている姿が見受けられます。通夜・葬儀は弔問客とあいさつを交わす場ではありません。

弔問客が多い場合には焼香が済んだ方から退席するよう指示されることもありますが、ふつうは読経や焼香が続いているあいだに参列者が退席するのは大変失礼なことです。参列者は焼香を終えたら静かに席にもどり、仏法に耳を傾けてもらいたいものです。

また、導師が「同唱十念」といわれたら、参列者全員で声をそろえてとなえます。それは送る側にも大きな癒《いや》しとなります。

●葬儀告別式の進行例

①会葬者の受付	式の30分前から受付をはじめる
②導師(僧侶)をお迎えに行く	通夜同様、控室に案内する。帰りもお送りする
③参列者一同着席	喪主、遺族、親族は、一般の会葬者よりも先に着席しておく
④導師(僧侶)入場	椅子席の場合は起立して、座敷の場合は正座で軽く頭を下げて僧侶を迎える
⑤開式の辞	葬儀社の担当者が司会をつとめることが多い
⑥導師読経	『香偈』『三宝礼』『奉請』などをとなえ、仏さまを迎える
⑦一同読経・十念	『懺悔偈・十念』のあと、『開経偈』『四誓偈』『聞名得益偈』などを読み、その功徳を新発意に回向する
⑧引導を渡す	葛湯や茶、霊供膳をそなえ、お経をとなえて浄土に導く意味がある
⑨弔辞拝受・弔電拝読	読み終えた弔辞や弔電は祭壇にそなえる。弔電拝読は焼香後に行なわれることもある
⑩読経・焼香	導師の焼香のあと、『阿弥陀経』などを読経中、喪主、遺族、親族、一般会葬者の順に焼香を行なう
⑪念仏一会・回向	『摂益文』のあと、参列者一同で念仏をとなえ、その功徳を新発意に回向する

最後の対面をし、出棺する

近親者と、故人ととくに親しかった人たちは、故人と最後の対面をします。各自が生花（花の部分だけ）で遺体の周囲を飾り、合掌してお別れをします。その後、喪主から血縁の順に棺の蓋に頭のほうから釘を打ちます。最近は釘打ちを省略することもあります。

そして、近親者らの手によって棺を霊柩車《れいきゅうしゃ》に運び、喪主または親族の代表者が出棺を見送る一般の会葬者の前で会葬御礼のあいさつをして葬儀告別式を終了します。

香典は「御香資」か「御霊前」とする

香典とは本来、「香をそなえる」ことですが、次第に香を買う代金として、お金を包むようになりました。ですから表書きは「御香《ごこう》資《し》」とします。また、市販の不祝儀袋を用いる場合は「御霊前《ごれいぜん》」とします。通夜と葬儀の両方に参列する場合、香典は通夜に持参するとよいでしょう。参列しないときは遅くとも四十九日《しじゅうくにち》の満中陰《まんちゅういん》までに届けます。

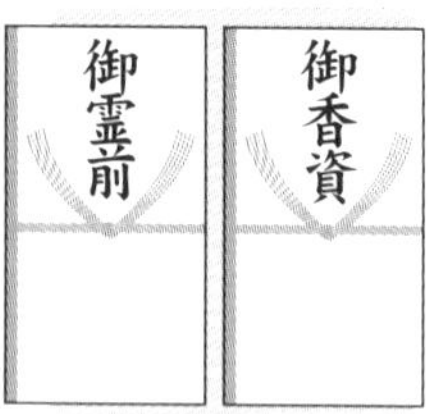

火葬とお骨あげ

火葬場へ向かうときは、住職を先導に、喪主が白木の位牌を持ち、他の遺族が遺影《いえい》と空《から》の骨箱《こつばこ》を持って、棺、親族がつづきます。

棺はかまどの前に安置されます。小さな台の上には燭台《しょくだい》と香炉が用意されているので、白木の位牌と遺影、骨箱を置きます。

故人と、本当の意味での最後の対面をして、棺をかまどへ納めます。このとき、住職にお経をあげていただき、全員で焼香します。

火葬の時間は施設によってちがいますが、だいたい一時間前後です。そのあいだ、控室で茶菓や飲み物をとりながら待ちます。

遺骨を拾って骨壷《こつつぼ》に収めることを「収骨」や「お骨《こつ》あげ」といいます。お骨あげの連絡を受けたら、かまどの前に行きます。

火葬場の係員の指示にしたがって全員で順番に骨壷に収めます。そのとき二人一組になって竹の箸《はし》などでお骨をはさんで拾う「箸渡し」の風習は三途《さんず》の川を渡してあげる橋渡しの意味からきているようですが、いまはこだわらないようです。

最後に係員が骨壷を骨箱に入れて白布で包んでくれますので、喪主が骨箱を持ち、他の遺族が位牌と遺影を持って帰ります。

中陰壇の前で還骨回向の読経をする

火葬のあいだに自宅に遺骨を迎える準備をするため、親族のなかから留守番の人を残しておきます。

●中陰壇

留守番の人は、四十九日の満中陰までまつる中陰壇《ちゅういんだん》（あと飾り）を仏壇の前に用意します。仏壇がない部屋では本尊をまつります。

そして、玄関や門口に清めのための塩を小皿に盛り、ひしゃくと水を用意します。

火葬場から帰った人は、塩を胸や背中に振り、留守番をしていた人にひしゃくで水を手にかけてもらい、清めます。

中陰檀に遺骨を安置し、住職に還骨回向《かんこつえこう》の読経をしていただきます。遺族らは住職の後ろにすわって焼香します。

最近では、つづけて初七日《しょなぬか》法要をすることも多くなっています。これを「繰り上げ初七日」といいます。

●精進落とし（お斎）の席次の例

最後に精進落とし

読経が終わったら、住職をはじめ、残っていただいた会葬者に感謝の気持ちを込めて酒食の接待をします。これを「精進《しょうじん》落とし」（お斎《とき》）といいます。本来は四十九日の満中陰まで肉や魚を断ち、これを機に通常の生活にもどる区切りの意味でした。席順は、住職を最上席とし、世話役や友人がつづき、親族、遺族、喪主は末席にすわります。喪主は末席から葬儀が無事終了したお礼のあいさつをし、遺族は各席をまわってもてなします。

お葬式のお礼は翌日出向く

枕経、通夜・葬儀から還骨回向まで導師をつとめていただいた住職や僧侶へのお礼は、あらためて葬儀の翌日に喪主や親族の代表がお寺に出向きます。ただし、「御車代」や「御膳料」は当日その場でお渡しします。

最近では、謝礼も葬儀が済んで僧侶が帰られる際に差し上げることが多いようですが、これは略式なので「本来ならば、お礼にうかがうべきところですが、お託《ことづ》けしてまことに失礼いたします」とひと言添えましょう。

僧侶への謝礼に「読経料」「戒名料」と書く方もいますが、正式には奉書包《ほうしょづつみ》に「御布施」と表書きし、黒白の水引《みずひき》をかけます。半紙で中包みして市販の不祝儀袋に入れてもかまいません。そして、小さなお盆などにのせて差し出します。このほうが、直接手渡すよりもていねいです。

「御布施の金額は志でけっこうです」といわれ、見当がつかないときは、僧侶の人数も考慮し、檀家総代や町内会の世話役などに相談する方法もあります。なによりも施主の気持ちをあらわすように心がけることが大切です。

また、世話役やお手伝いの方々、そして近所にもあいさつにまわります。

第6章

浄土宗の法事

法事は人生の無常を知るよい機会

大切な人を亡くした遺族の悲しみやつらさは、死の直後だけではなく、ときには数年もつづくことがあります。

仏教では、四十九日《しじゅうくにち》や一周忌、三回忌などに法事（正式には法要という）を行ないます。これは遺族の悲しみを段階的にやわらげていくグリーフワークともいえます。

グリーフワークというのは、大切な人を亡くした深い悲しみをさまざまなかたちで表にあらわすことで、その事実を受け入れていく心の作業のことです。

喪失感や悲嘆を乗り越えるプロセスは人によって千差万別です。もしグリーフワークが正しく行なわれなければ、悲しみを無理に抑制することで心身症に陥る危険もあります。あるいは生きる力を失ってしまう場合さえあります。

遺族は誰もがこの喪失体験を乗り越えなければなりません。法事は人生が無常であることに気づかせてくれ、亡き人をよい思い出に変えてくれます。また、自分自身の人生の意義を自覚する機会でもあります。

ですから私たちは法事をないがしろにせずに、縁者そろっておつとめしたいものです。

法事の心得
念仏が最善の供養

法事では、仏さまや故人に花や飲食をそなえ、灯明《とうみょう》をともして焼香し、僧侶に読経《どきょう》していただきます。これらは、供養の心をあらわす行為にほかなりません。いずれも善根《ぜんこん》（善《よ》い行ない）を積むことですが、浄土宗では念仏をとなえることがいちばんの供養です。

法事は、読経する僧侶が中心であると思われがちですが、参会者一人ひとりの心に故人を思う真心、そしてみずから念仏をとなえようとする気持ちがなければ、かたちだけのものとなってしまいます。

念仏の実践は、その功徳をふりむけて故人の冥福《めいふく》を祈る追善供養の意味だけではなく、自分にとっても大きな意味があります。

七日ごとに行なう
中陰法要

亡くなった日を含む四九日間を「中陰《ちゅういん》」といい、七日ごとに七回の法要を行ないます。

中陰は「中有《ちゅうう》」ともいい、死者は四九日目に死後の行き場所が決まるという、古代インドの思想を背景としたものです。ここから「四十九日の冥土《めいど》の旅」がいわれるようになり、故人の冥福《めいふく》を祈る追善供養の意味で中陰法要が行なわれます。

浄土宗は極楽往生《ごくらくおうじょう》により成仏《じょうぶつ》が定まると教えています。人は亡くなると阿弥陀仏の来迎《らいこう》を受け、極楽の蓮《はす》の実のなかに生まれます（法性生身《ほっしょうしょうしん》）。中陰後に蓮の花が開いてそこに座し、仏さまの仲間入りをする（法性法身《ほっしょうほっしん》）ということです。こうしてご先祖さまたちはみな、仏さまとなって私たちを見守っていてくれるのです。

中陰の七日ごとに板塔婆を立てる七本塔婆というならわしがあります。これは、故人への追善供養であり、みずから仏さまの教えを実践することです。毎回は無理でも、初七日《しょなぬか》、五七日《いつなぬか》、七七日《しちしちにち》にはかならず法要を行ない、お墓に塔婆を立てます。

なお、関西では「お逮夜《たいや》」といって、忌日の前夜に法要を営むことが多いようです。

●中陰の忌日

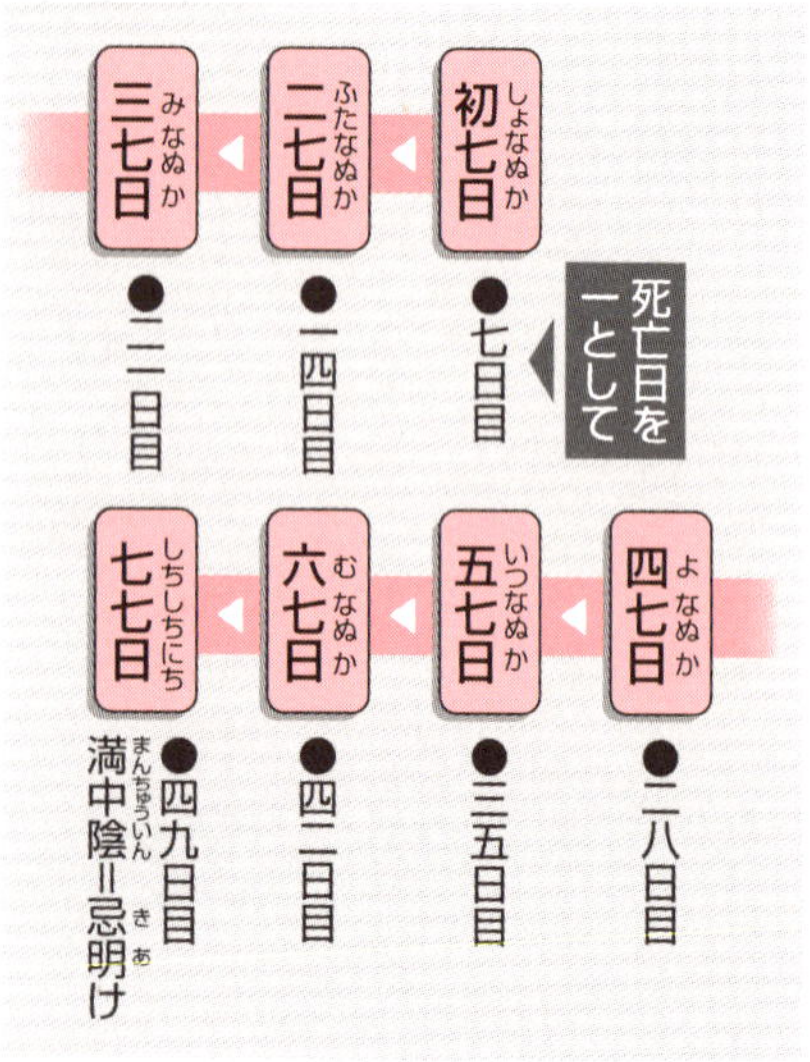

忌明け後は本位牌に替える

中陰中は白木《しらき》の位牌《いはい》と遺骨をまつった中陰壇（106頁参照）が設けられます。

中陰法要はほとんどの場合、自宅に住職を迎えて遺族だけで行なわれますが、満中陰《まんちゅういん》（四十九日）には、親族や、故人ととくに親しかった友人などを招いて営みます。

これで忌明《きあ》けとなりますので中陰壇は片付けます。

白木の位牌は菩提寺《ぼだいじ》に納め、塗りの本位牌に替えます。遺骨は納骨するまで小机に置き、遺影は仏壇の外に飾ります。

また、会葬者に御礼状と香典返しを発送します。

なお地域によっては、中陰の期間が三月《みつき》にわたる場合、「四十九《しじゅうく》（始終苦）が三月（身に付く）」という語呂合わせから五七日《いつなのか》（三五日目）で忌明けとする風習があります。

百カ日は「卒哭忌《そっこくき》」ともいわれ、悲しみで泣き明かしていた遺族も少しは気持ちが落ち着くことを意味しています。百カ日も遺族だけでつとめることが多いようです。

また、一周忌までの期間を「喪中《もちゅう》」といい、中陰後にはじめて迎えるお盆を「初盆《はつぼん》」または「新盆《にいぼん》」と呼びます。

年回(年忌)法要と祥月命日・月命日

一般に「法事」と呼んでいるのは、年回(年忌)法要のことです。

死亡した日と同月同日の「祥月命日《しょうつきめいにち》」に合わせて年回法要を営みます。

年回法要は、亡くなって一年目が一周忌、それ以降は二年目が三回忌(亡くなった年を一と数えるため)、六年目が七回忌となります。その次は十三回忌、十七回忌、二十三回忌、二十七回忌、三十三回忌、三十七回忌、五十回忌となります。その後は五〇年ごとの「遠忌《おんき》」となります。

なお地域によっては、二十五回忌や四十三回忌、四十七回忌を行なったり、三十三回忌で弔い上げとする場合もあります。

また、月ごとの命日を「月命日《つきめいにち》」または「月忌《がっき》」といいます。とくに亡くなった翌月の命日は「初月忌《はつがっき》」と呼ばれます。

地域によっては、年回法要以外の年の祥月命日や月命日にも住職を迎えて自宅の仏壇の前でおつとめをする風習があります。そのときは、家族そろって住職の後ろにすわっておつとめをします。

できれば、こうした日には家族そろって朝夕のおつとめをしたいものです。

●年回（年忌）法要早見表

法要 / 死亡年	一周忌	三回忌	七回忌	十三回忌	十七回忌	二十三回忌
1986（昭和61）年	1987	1988	1992	1998	2002	2008
1987（昭和62）年	1988	1989	1993	1999	2003	2009
1988（昭和63）年	1989	1990	1994	2000	2004	2010
1989（昭和64、平成1）年	1990	1991	1995	2001	2005	2011
1990（平成2）年	1991	1992	1996	2002	2006	2012
1991（平成3）年	1992	1993	1997	2003	2007	2013
1992（平成4）年	1993	1994	1998	2004	2008	2014
1993（平成5）年	1994	1995	1999	2005	2009	2015
1994（平成6）年	1995	1996	2000	2006	2010	2016
1995（平成7）年	1996	1997	2001	2007	2011	2017
1996（平成8）年	1997	1998	2002	2008	2012	2018
1997（平成9）年	1998	1999	2003	2009	2013	2019
1998（平成10）年	1999	2000	2004	2010	2014	2020
1999（平成11）年	2000	2001	2005	2011	2015	2021
2000（平成12）年	2001	2002	2006	2012	2016	2022
2001（平成13）年	2002	2003	2007	2013	2017	2023
2002（平成14）年	2003	2004	2008	2014	2018	2024
2003（平成15）年	2004	2005	2009	2015	2019	2025
2004（平成16）年	2005	2006	2010	2016	2020	2026
2005（平成17）年	2006	2007	2011	2017	2021	2027
2006（平成18）年	2007	2008	2012	2018	2022	2028
2007（平成19）年	2008	2009	2013	2019	2023	2029
2008（平成20）年	2009	2010	2014	2020	2024	2030
2009（平成21）年	2010	2011	2015	2021	2025	2031
2010（平成22）年	2011	2012	2016	2022	2026	2032
2011（平成23）年	2012	2013	2017	2023	2027	2033
2012（平成24）年	2013	2014	2018	2024	2028	2034
2013（平成25）年	2014	2015	2019	2025	2029	2035
2014（平成26）年	2015	2016	2020	2026	2030	2036
2015（平成27）年	2016	2017	2021	2027	2031	2037
2016（平成28）年	2017	2018	2022	2028	2032	2038
2017（平成29）年	2018	2019	2023	2029	2033	2039
2018（平成30）年	2019	2020	2024	2030	2034	2040
2019（平成31）年	2020	2021	2025	2031	2035	2041
2020（平成32）年	2021	2022	2026	2032	2036	2042
2021（平成33）年	2022	2023	2027	2033	2037	2043
2022（平成34）年	2023	2024	2028	2034	2038	2044
2023（平成35）年	2024	2025	2029	2035	2039	2045
2024（平成36）年	2025	2026	2030	2036	2040	2046
2025（平成37）年	2026	2027	2031	2037	2041	2047
2026（平成38）年	2027	2028	2032	2038	2042	2048

併修は、やむをえず行なうもの

一般的に、一周忌と三回忌は親族や故人の友人を招いて盛大に営まれます。それ以降の年回法要は家族だけで行なうことが多いようです。

年回法要は故人一人ずつそれぞれに行ないたいものですが、一年経つか経たないうちに年回法要の忌日がつづくことがあります。

たとえば、父親の十三回忌と祖父の三十三回忌が同じ年になったという場合です。このときは法要を合わせて行なうことがあり、これを「併修《へいしゅう》」または「合斎《がっさい》」といいます。

ただし、併修をできるといっても、故人が夫婦や親子であるという近い関係で、しかも七回忌を過ぎていることが条件になります。また、中陰法要と年回法要を併修することはしません。併修をする場合は、菩提寺の住職にあらかじめ相談しましょう。

法要の日取りは、早いほうの祥月命日に合わせることが多いようです。それは、仏事をないがしろにしないように、という戒めからいわれてきたことです。

また、併修を行なってもそれぞれの祥月命日には、住職を迎えてお経をあげていただきたいものです。

法事の青写真を描き、菩提寺に相談

法事（年回法要）を行なうときにもっとも重要なのは日取りと場所です。僧侶や参会者の都合もありますので、できれば半年前、遅くとも三カ月前には準備をはじめましょう。

祥月命日に行なうのがいちばんですが、参会者の都合を考えて週末に法要を行なうことが多くなりました。日にちをずらす場合は、祥月命日より遅らせないようにします。

檀家《だんか》の多いお寺では法事が休日に集中するので、まず菩提寺に希望する日時の連絡をします。もしも年回忌の年がわからなくなってしまったときは、菩提寺にある過去帳を調べてもらいます。

場所は、自宅かお寺、あるいは斎場が考えられます。参会者の人数やお寺の事情、地域の風習などによって異なります。また、当日お墓参りを行なうか、お斎《とき》をどのようにするかなど、全体の青写真を描いてみます。

日時や場所などが正式決定したら、参会していただく方へ案内状を出します。

お斎の料理、引き出物などの準備がありますから早めに送付します。また、返信用のハガキを同封するなどして出欠の確認をとるようにするとよいでしょう。

ふだんより豪華な仏壇の荘厳にする

法事のときには、故人の位牌を前面に安置し、仏壇の荘厳《しょうごん》をふだんより豪華にします（47～49頁参照）。

平常は三具足《みつぐそく》のところは、できれば五具足《ごぐそく》にして、さらに高坏《たかつき》に団子、菓子や果物《くだもの》などを盛り、精進《しょうじん》料理を盛り付けた霊供膳《れいくぜん》をそなえます。参会者からいただいた供物などは仏壇の脇に台を設けてそなえるようにするとよいでしょう。

過去帳があれば、故人の戒名《かいみょう》が記されている頁を開いておきます。

自宅で法事を行なう場合には、法事用の祭壇を別につくることもあります。

また、回し焼香にすることが多いようです。お盆の上に、火だねの香《こう》炭《ずみ》と抹香を入れた角香炉《かくこうろ》を用意します。焼香の作法は葬儀のときと同様です（101頁参照）。不明な点は住職にたずねます。

回し焼香用の角香炉

●法事の進行例

1. 僧侶の出迎え……施主が控えの部屋に案内する ▼
2. 参会者着座……施主、血縁の深い順にすわる ▼
3. 施主の開式のあいさつ ▼
4. 僧侶（導師）着座 ▼
5. 読　経……導師に合わせて唱和する ▼
6. 焼　香……施主、血縁の深い順に焼香する ▼
7. 法　話……導師が故人の徳をしのんで法話をする ▼
8. 施主の閉式のあいさつ…その後の予定を説明する ▼
9. お墓参り ▼
10. お斎…施主は末席からあいさつする。引き出物を渡す ▼

法事に招かれたら まず本尊に合掌礼拝

法事に招かれた方は数珠《じゅず》を持参し、到着したらまず仏壇に手を合わせます。法事は日ごろ疎遠になりがちな親族が顔を合わせるよい機会ですが、仏事のために参集したことを忘れてはいけません。

香をたいて本尊に合掌礼拝《らいはい》し、持参した供《く》物料《もつりょう》を仏壇にそなえます。このとき、リンを鳴らすのはまちがいです。リンは読経《どきょう》のときだけに鳴らすものと心得ておきたいものです。

供物料の表書きは「御仏前《ごぶつぜん》」とします。

お墓参りと塔婆供養

法事が終わったら、お墓参りをします。

このとき、故人への供養として板塔婆《いたとうば》をそなえます（126頁参照）。板塔婆は事前に施主が菩提寺に依頼しておきます。塔婆料は、お寺によって決まっているので、たずねてかまいません。何基もお願いするときは、供養者の名前を紙に書いて届けるようにしましょう。

塔婆供養をしたい参会者は、法事の案内状の返信時にその旨を伝え、当日、供物料とは別に「御塔婆料」として施主に渡します。

引き出物と僧侶への謝礼

施主にとって、お斎の料理や引き出物はとても気をつかうものですが、そればかりに気をとられないようにしたいものです。

引き出物の表書きは「粗供養《そくよう》」あるいは「志」とし、お斎の終了間際に参会者に渡します。そして、末席からあいさつをします。

僧侶への謝礼は「御布施」とし、お見送りする際に「御車代」とともに渡します。また、僧侶がお斎に列席されないときには折詰を差し上げるか、「御膳料」を包みます。

第7章

浄土宗のお墓

❶お墓とは
❷開眼法要・納骨法要
❸お墓参りの心得

お墓は故人や先祖を供養する聖地

お墓は遺体や遺骨を埋葬した目じるしであり、故人や先祖を供養する聖地として大切にされてきました。

お墓の原形は塔です。荼毘《だび》に付《ふ》されたお釈迦さまの遺骨を「仏舎利《ぶっしゃり》」といいますが、八つに分骨されました。お釈迦さまを慕う人々がそれぞれの国に持ち帰り、仏舎利塔を建ててまつったのです。そこからまた、さらに分骨されて数多くの仏舎利塔が建てられました。そして、そのまわりに礼拝《らいはい》施設や僧房ができて寺院となりました。お経にはしばしば塔を建てることの功徳《くどく》が強調されています。

中国や日本では五重塔などが盛んに建てられました。その後、その石造りのものが「五輪塔」と呼ばれ、お墓として建てられるようになりました。

また、仏舎利塔は古代インドのサンスクリット語（梵語《ぼんご》）で「ストゥーパ」といいます。これを漢語に音写したのが「卒塔婆《そとうば》」です。日本に伝わった仏舎利塔は、ひとつはお墓となり、もうひとつは追善供養として立てる角塔婆や板塔婆となりました。つまり、お墓とは、故人や先祖のおかげで私たちがいまあることに感謝するための場所なのです。

墓地を買うときは宗派を確認

墓地を購入するというのは、土地を買うことではなく、墓地の永代使用権料をまとめて支払うことです。この権利は、直系の子孫が代々受け継ぐことができます。

さて、墓地を購入する際に気をつけたいことがあります。それは宗派についてです。

墓地は、運営母体によって、寺院墓地、公営墓地、民間墓地に分かれます。

都道府県、市町村などの自治体が運営している公営墓地や、郊外に大規模な霊園をつくって運営している民間墓地では、宗派を問わないところがほとんどです。

しかし、寺院墓地を求める場合には、そのお寺の檀家《だんか》になることが条件になります。当然、仏事はすべてそのお寺の宗派の作法で行なわれることになります。あとでトラブルになることのないようかならず宗派を確認し、納得して契約するべきです。

浄土宗のお墓には名号を刻むとよい

現在もっとも多いのは、一家で一基のお墓を代々受け継いでいく家墓《いえばか》（家族墓）です。

●浄土宗のお墓

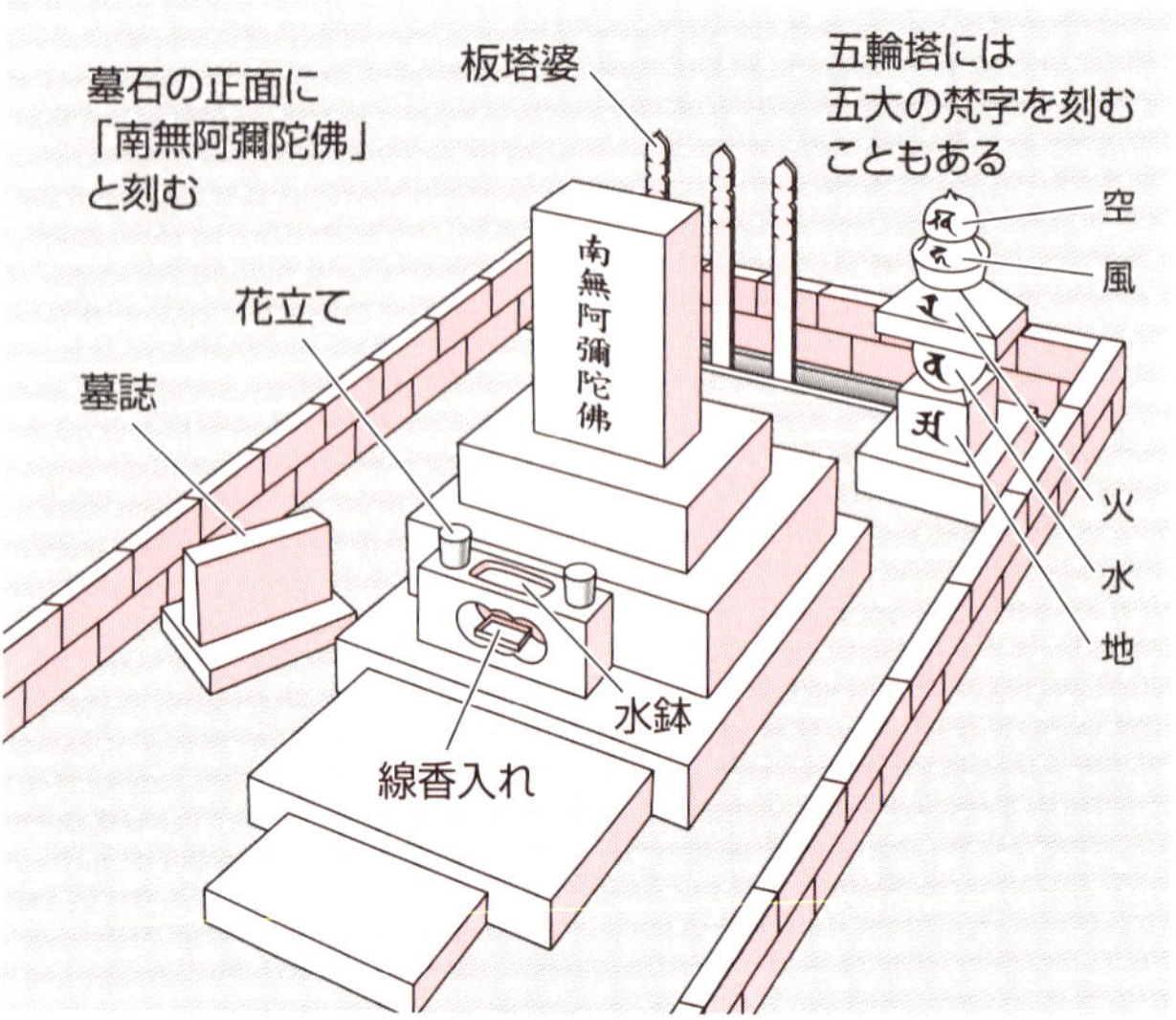

浄土宗では、墓石の正面に「南無阿彌陀佛《なむあみだぶつ》」と名号《みょうごう》を刻むか、「○○家之墓」の文字の上に阿弥陀仏をあらわす梵字《ぼんじ》（キリーク）を刻む場合もあります。家名や家紋を入れるならば、台石や左右の花立てに刻むようにします。そして、故人の命日や戒名《かいみょう》などは墓石の側面などに刻みますが、埋葬者が多くなると刻みきれないので別に墓誌を建てます。

宝珠《ほうじゅ》・半円形・三角形・円形・方形が積み重なった五輪塔は、仏教の宇宙観をあらわす五大要素（空・風・火・水・地）を具現化したもので、五〇回忌以上の先祖をまつるために建てられます。また、板塔婆の上部の刻みも五輪塔の形を模しています。

お墓を建てたら開眼法要を行なう

新しくお墓を建てるときは、一周忌や三回忌などに合わせることが多いようです。お墓が完成したら菩提寺《ぼだいじ》の住職に来ていただいて、開眼《かいげん》法要（御霊《みたま》入れ）を行ないます。

また、お墓を移すことを「改葬」といいますが、もとのお墓で御霊《みたま》抜きの法要を行ない、遺骨を掘り出し、新しいお墓に入れるときに開眼法要を行ないます。

改葬するときは、もとのお墓の管理者から「埋葬証明書」を、新しいお墓の管理者から「受入証明書」をもらい、この二つの証明書をもとのお墓の所在地の役場に提出して「改葬許可証」の交付を受ける必要があります。

もとのお墓が寺院墓地にあった場合は、御霊抜きの法要に対する布施と、墓地の整理費用を分けて支払います。布施は、これまでの先祖供養に対するお礼の意味もありますから、できるだけのことをしたいものです。

納骨の時期はさまざま

遺骨をお墓に納めることを「納骨」といいます。納骨の時期は、家庭の事情や地域の風習などによってさまざまです。

すでにお墓があれば、四十九日《しじゅうくにち》の満中陰《まんちゅういん》に納骨することが多いようですが、火葬後すぐに納骨する地域もあります。

納骨の際には、菩提寺または家庭の仏壇の前で住職に読経《どきょう》してもらい、お墓へも同行していただき、お経をあげてもらいます。

塔婆供養は故人への追善供養

納骨や法事の際には故人への追善供養の意味で、板塔婆を墓石の後ろに立てます。そして、菩提寺の住職にお経をあげていただくことを「塔婆供養」といいます。

板塔婆の表には「南無阿彌陀佛」の名号または五大の梵字、故人の戒名、年回忌など、裏には年月日や施主名が明記されます。

板塔婆は、円満・完全・調和をあらわし、いっさいの不浄を除いてその場を浄土とする意味があります。法事の主催者、参会者がそれぞれに立てるのがならわしです。

板塔婆が古くなったら、菩提寺や墓地の管理者に頼んでおたき上げをしていただきます。

●板塔婆

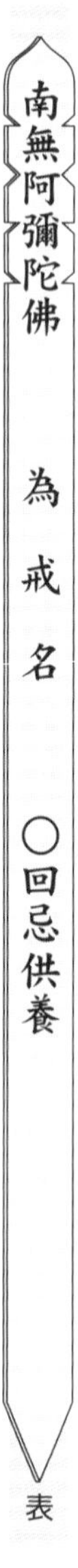

お墓参りに行ったら本堂にもお参りする

多くの方が毎年のお盆やお彼岸《ひがん》、そして法事の際などにお墓参りをします。

菩提寺の近くにお墓があるならば、まず本堂にお参りすることを忘れてはいけません。

お盆やお彼岸の時期には法座が開かれていることが多いので、ぜひ参列して、他の檀家の方とともに読経し、法話に耳を傾けるとよいでしょう。

また、お墓の管理事務所にもきちんとあいさつをします。

はじめに掃除をし、供物は持ち帰る

お墓参りに行くときは、線香やろうそく、生花、供物《くもつ》など、それから数珠《じゅず》もかならず持参します。毎月のようにお参りをしているなら、当日、雑草を抜いて、墓石を洗うくらいでよいのですが、そうでない場合は事前に掃除をしておきます。掃除用具は持参するか、管理事務所で借りられるところもあります。

掃除の前にまず合掌礼拝します。

お墓の周囲をきれいにしたら生花を飾り、水鉢にも水を満たします。お菓子や果物《くだもの》などの供物は二つ折りにした半紙を敷いてそなえます。そして一人ひとり、線香をそなえ、数珠を持って合掌します。できれば読経したいところですが、みなで十念をとなえるだけでもよいでしょう。

お参りが済んだら火の始末をして、生花以外の供物はすべて持ち帰ります。供物をそのままにすると腐ったり、カラスなどが食い荒らして周辺を汚すことになるからです。

お墓参りの習慣をつける

最近では、お彼岸が連休になっていることもあり、家族そろって郊外の霊園にお墓参りに行くついでにレジャーを楽しむということも多いようです。

せっかくの機会ですので、子供や孫たちに作法を教え、お墓参りの習慣を伝えていってもらいたいものです。

故人の命日にはもちろん、思い立ったときに先祖のお墓の前で、静かに自分の心と対話するのはとてもよいことです。

第8章

心が豊かになる法然上人の名言

選択《せんちゃく》とは、すなわちこれ取捨《しゅしゃ》の義《ぎ》なり

『選択本願念仏集《せんちゃくほんがんねんぶつしゅう》』

●捨てる覚悟は自分を前向きにする

「一つのものを選び取ることは、ほかのものを捨て去ることである」

じつに潔《いさぎよ》い言葉です。法然上人は、仏教のあらゆる教えのなかから、〝南無阿弥陀仏《なむあみだぶつ》〟というわずか六文字を選び取り、そのほかのいっさいを捨て去るという、当時の仏教界に対する大革命に取り組みました。

私たちの人生においても、一つを選び取り、ほかを捨て去る重要な決断に迫られることがあります。そのときに何を心がけるのか――それは自分を信じきることです。そして、捨て去ったものは返ってこないという覚悟を持つことです。

智者《ちしゃ》のふるまいをせずして
ただ一向《いっこう》に念仏すべし

『一枚《いちまい》起請文《きしょうもん》』

●念仏に仏教知識はいらない

『一枚起請文』は、死を目前にした法然上人の最後の教えです。

「念仏を信じる人は、お釈迦さまが生涯かけて説いた教えをよく学んでいたとしても、自分はお経の一文も理解できない愚か者であると思って、在家のままただ髪《かみ》を剃《そ》っただけの女性など仏教知識の乏《とぼ》しい者たちと同じように、知識をひけらかすような態度をとらずに、ただひたすら念仏をとなえなさい」

これは、仏教知識のある弟子たちに残した言葉でした。人々に「なぜ念仏をとなえるか」を教えることより、一心に念仏をとなえる姿を見せなさい、と語っています。

げにも凡夫《ぼんぶ》の心はものぐるい、
酒によいたるがごとくして、
善悪につけて、
思い定めたることなし

『黒谷上人語燈録《くろだにしょうにんごとうろく》』

●善悪のけじめすらない凡夫も救ってくれる

「まことに凡夫とはおかしなもので、酒に酔っているように善悪の判断すらできないものです」

酒に酔っている人の多くは、自分では酔ってはいないと思い込んでいるから手に負えません。しかし酒に酔っていなくても、欲望や迷いを捨てきれない私たち凡夫は、善悪の見きわめができずに悪事を働いたり、罪を犯してしまうものです。

法然上人は、そのような救いようのない凡夫だからこそ、阿弥陀さまは慈悲の心をもって救ってくださる、と説いています。その救いの唯一の道が念仏なのです。

酒飲むは、罪にて候《そうろう》か。
答《こた》う。
まことには飲むべくもなけれども、
この世のならい

『黒谷上人語燈録《くろだにしょうにんごとうろく》』（百四十五箇條問答《ひゃくしじゅうごかじょうもんどう》）

●何よりも念仏往生が大事

「酒を飲むのは罪になるでしょうか」

法然上人は答えます。「本来は飲んではいけません。しかし、この世のならいなので、やむを得ないでしょう」

仏弟子として正しく生きるために定められた五戒のひとつに、不飲酒戒《ふおんじゅかい》（酒を飲まない）があります。ですから飲酒は、仏弟子として罪になります。しかし、法然上人は「やむを得ないこと」として黙認してくれます。それはなぜか——戒を保てない凡夫だからこそ、念仏をとなえることでしか往生《おうじょう》できるすべはないのです。上人は飲酒云々《うんぬん》よりも、まずは念仏をとなえなさい、といっているのです。

いたずらにあかしくらして、
やみなんこそかなしけれ

『拾遺黒谷上人語燈録《しゅういくろだにしょうにんごとうろく》』

●念仏を生活のなかに溶け込ませる

「ただなんとなく日々を送りつづけて一生を終わることこそ悲しいことです」

法然上人は常々、「人々はいつも苦しみ、ぼやき、迷いに一喜一憂しながら漫然と過ごしている。そして死を迎え、また来世も迷いの世界を輪廻《りんね》するのだろう」と憂《うれ》いていたのでしょう。

それが冒頭の言葉となっています。

それならばどうすればいいのか――輪廻の世界を離れ出るには念仏以外にない、というわけです。念仏をとなえるのはさほど難しいことではありません。だからこそ上人は、となえない人を憂うのです。

ほとけは悪人をすて給《たま》わねども、
このみて悪をつくる事、
これ仏の弟子にあらず

『黒谷上人《くろだにしょうにん》語《ご》燈録《とうろく》』（十二《じゅうに》箇《か》條《じょう》の問答《もんどう》）

●阿弥陀さまの慈悲を感じて生きる

「仏さまはどんな悪人も見捨てることはありません。だからといって、わざわざ悪事をはたらく人、これは仏弟子ではありません」

「仏さまは悪人も差別なく救ってくれるのだったら、悪いことをしてもいいのか」

という信者の質問に対する答えです。

私たち凡夫は、まったく罪を犯さずに生きることは不可能です。しかし、仏さまの慈悲を感じているなら、仏弟子としてできるだけ罪を犯さないように心がけるはずです。父母の慈悲を感じているなら、父母が悲しむような悪事をはたらけるわけがないではありませんか。

人の命は食事の時、
むせて死する事もあるなり。
南無阿《なむあ》みだ仏《ぶつ》とかみて、
南無阿《なむあ》み陀仏《だぶつ》とのみ入《いる》べきなり

『法然上人行状絵図《ほうねんしょうにんぎょうじょうえず》』
（つねに仰せられける御詞《おことば》）

●明日の命の保証はない

人生が無常であることは誰の目にも明らかです。しかし、私たちはその真実に向き合わず、避けるように生きているのが現実です。

法然上人は、そんな私たちを叱咤《しった》激励してくれます。

「人は食事をしている最中に、喉《のど》がつまって死ぬこともあるのです。だから、南無阿弥陀仏とかんで南無阿弥陀仏と呑《の》み込むほどに、一瞬一瞬を真剣に生きなさい」

人は死をはっきりと自覚することで、この世に生まれてきたことのありがたさに気づき、命を尊ぶことができます。いまを真剣に生きるとは、往生の基本なのです。

現世《げんぜ》をすぐべき様《よう》は、念仏の申されん様にすぐべし

『黒谷上人語燈録《くろだにしょうにんごとうろく》』

●〝いま〟を流されずに生きる

「この世を生きていくには、念仏がとなえられるように過ごすべきです」

いつも念仏（いちばん大切なこと）を念頭において日常生活を送りなさい、というわけですが、私たちは、仕事や勉強をしていても、雑事を思い出したり、そのときの気分に流されたりして思うようにはかどらないことが多いのではないでしょうか。面倒な用事なども、ついあと回しにしてしまうものです。楽なほうへ流されるのが人間の性《さが》ということですね。

法然上人は、そんな私たちに「いま、このときの積み重ねを大切にして過ごすことが、幸せに生きることですよ」と教えています。

衣食住の三は、念仏の助業《じょごう》なり。
これすなわち自身安穏《あんのん》にして
念仏往生《おうじょう》をとげんがためには、
何事もみな念仏の助業なり
『黒谷上人語燈録《くろだにしょうにんごとうろく》』

●日常生活を安定させよう

「衣食住は念仏の助けとなります。それだけではなく生活が安定し、そのおかげで念仏がとなえられて極楽往生《ごくらくおうじょう》できるなら、すべてのものごとが念仏の助けといえます」

極楽往生のためには、朝起きてから夜寝るまで、いや寝ているあいだも念仏をとなえていることが理想です。しかし、社会生活をしている私たちにとって、仕事もしなければなりませんし、食事も必要です。

ですから法然上人は、念仏のためにプラスになるのだからしっかりやりなさい、といっています。衣食住が安定すれば、念仏はもちろんのこと、生きる意欲が湧いてきますね。

一丈のほりをこえんと
思わん人は、
一丈五尺をこえんと
はげむべし

『法然上人行状《ほうねんしょうにんぎょうじょう》絵《え》図《ず》』
（つねに仰せられける御詞《おことば》）

●努力は、ものさしでは測れない

「一丈（約三メートル）の堀を飛び越えようと思う人は、一丈五尺（約五メートル）を飛び越えようと努力すべきです」

法然上人のこの言葉は、「目標設定を上にすることによって当初の目標をクリアしやすくなる」という精神的効果をうたっているのではありません。

たとえば、今日は念仏を一〇遍となえたから明日は一五遍、明後日は二〇遍と少しずつ数を増やすことにします。数多くとなえるのはよいことですが、数以上に大切なのは、一心に努力する気持ちです。その〝一心さ〟によって回数が増えていくのが理想なのです。

至誠心《しじょうしん》というは真実の心なり。
その真実というは、
身にふるまい、口にいい、
心におもわん事、
みなまことの心を具すべきなり

『拾遺黒谷上人語燈録《しゅういくろだにしょうにんごとうろく》』

●相手にも自分にも誠実に

法然上人は念仏を実践する心得のひとつとして、至誠心《しじょうしん》（51頁参照）を説いています。

「至誠心とは真実の心のことです。具体的には、行ない、言葉、心に思うこと、そのすべての活動が誠実であるということです」

つまり、外に向かっての言動というだけでなく、自身の心の内に対しても、自分を飾ることも偽ることもない純粋な心を持ちなさい、ということです。

すでにおわかりのように、至誠心は念仏の実践の心得にはとどまらず、私たちが正しく生きるうえでの心得です。至誠心を常に心にとめて明るくさわやかに過ごしたいものです。

我《われ》首を斬《き》らるとも、此《こ》の事《こと》言わずばあるべからず

『法然上人伝記《ほうねんしょうにんでんき》附《つけたり》一期物語《いちごものがたり》』

●自身の信念を貫く勇気を持とう

「私が死刑になったとしても、このこと（念仏をとなえる意義）だけはいわなければならない」

専修念仏《せんじゅねんぶつ》が禁止され、土佐へ流罪《るざい》が決まって京都を離れようとするとき、弟子から「いまだけは念仏のお話はおやめください」と懇願され、法然上人が思わず放った言葉です。

法然上人は常日ごろはとても温厚で、弟子や信者たちにもやさしく接していたようです。しかし、自身の信念のためには、摩擦を恐れず相手が誰であれ敢然と立ち向かう人でした。自分が正しいと思ったらその信念を貫く、上人を見習いたいものです。

月かげのいたらぬさとは
なけれども
ながむる人の心にぞすむ

『法然上人行状《ほうねんしょうにんぎょうじょう》絵図《えず》』

●阿弥陀さまの光明を自覚して生きる

「月の光は、山も川も、都会も地方も、富める人も貧しい人も、わけへだてなく照らしてくれます。しかし、その美しさは仰ぎ見る人の心にだけ宿るのです」

鎌倉時代の勅撰《ちょくせん》和歌集『続千載《しょくせんざい》和《わ》歌集《かしゅう》』に選ばれた法然上人の和歌です。いうまでもなく、「月かげ」は阿弥陀さまの光明《こうみょう》（慈悲）を示しています。私たちの日常生活を振り返ってみると、さまざまな自然の恵みによって生かされていることがわかります。困ったときにそれを自覚するのではなく、常に自然の恵みに感謝しながら生きる。これは、阿弥陀さまの慈悲を自覚して生きることと同じです。

参考文献
（順不同）

『浄土宗檀信徒宝典』浄土宗
『法然上人のご法語1　消息編』浄土宗総合研究所編訳　浄土宗
『法然上人のご法語2　法語類編』浄土宗総合研究所編訳　浄土宗
『法然上人のご法語3　対話編』浄土宗総合研究所編訳　浄土宗
『なむブックス2　先祖のまつり方Q＆A』浄土宗
『なむブックス7　家庭のよろこびQ＆A』浄土宗
『なむブックス10　お葬式いま・むかしQ＆A』浄土宗
『てらこやブックス3　法事の意義と心得』浄土宗
『てらこやブックス4　浄土宗のしおり』浄土宗
『てらこやブックス6　五重のすすめ』浄土宗
『てらこやブックス12　おつとめ』浄土宗
『てらこやブックス15　葬儀の意義と心得』浄土宗
『浄土宗のしきたりと心得』浄土宗法式研究所監修　池田書店
『うちのお寺は浄土宗』藤井正雄総監修　双葉社
『わが家の宗教　浄土宗』若林隆光著　大法輪閣
『葬儀・戒名――ここが知りたい』大法輪閣
『浄土の本』学研
『お経　浄土宗』藤井正雄編著　講談社
『仏事の基礎知識』藤井正雄著　講談社
『仏教名言辞典』奈良康明編著　東京書籍

◆監修者プロフィール

服部淳一(はっとり・じゅんいち)
1950(昭和25)年、東京都出身。
大正大学仏教学部浄土学専攻卒。同大学大学院博士課程単位取得。
現在、浄土宗長野教区教化団長、浄土宗大本山善光寺大本願布教師会副会長、
埼玉工業大学先端科学研究所特別客員教授(科学と仏教思想研究センター)、
仏教文化学会評議員、長野市・浄土宗安養寺住職。

日本人として心が豊かになる
仏事とおつとめ　浄土宗

発行日　2008年4月26日　初版第1刷発行
2020年8月15日　第5刷発行

監　修　服部淳一
編　著　株式会社 青志社
装　幀　桜井勝志(有限会社アミークス)
発行人　阿蘇品 蔵
発行所　株式会社 青志社
〒107-0052　東京都港区赤坂5-5-9　赤坂スバルビル6F
Tel(編集・営業)　03-5574-8511
Fax　03-5574-8512
印刷・製本　中央精版印刷株式会社

ISBN978-4-903853-24-6　C2015